Sozioanalyse des Alltags.
Kulturelle Wurmlöcher & Gesellschaftliche Seismographen.
Trends und Traditionen aus Sicht der Cultural Studies

Über dieses Buch

Sammeln, Gärtnern, Campen, Reisen, Essen oder Shoppen. Der Alltag, das uns unmittelbar Vertraute, bricht auf und zeigt eine Seite die uns fremd und irritierend erscheint.
Sacha Szabo entwirft eine Theorie des Alltags, die durch das Verhältnis zum Außeralltäglichen definiert ist. Es gibt innerhalb der Kultur institutionalisierte Wurmlöcher hin zu diesem Anderen, traditionell sind dies die Feste und Feiern. Aber überaschenderweise hat jeder scheinbar banale Alltagsgegenstand das Potential, solch ein Wurmloch zu öffnen. Sei es das Spielen mit einer Modelleisenbahn, die Arbeit im Garten oder das Shoppen in der Stadt. Doch sind diese Wurmlöcher instabil. Sie existieren nur so lange, wie sie genutzt werden. Die Aktivität dieser Wurmlöcher läßt diese zu einem Seismographen werden und anhand ihrer narrativen Struktur zeigt sich, was die Anziehungskraft dieser Phänomene ausmacht. Beispielhaft wird dies am Fernsehen gezeigt. Hier werden solch unterschiedliche Formate wie *Germanys next Topmodel*, der *Tatort, Big Brother* oder die *Ziehung der Lottozahlen* auf ihre Potenz hin analysiert. Dieser Wechsel zwischen Alltag und Außeralltag ist für den Menschen von existentieller Bedeutung, denn genau durch diesen Wechsel entsteht Realität.

Über den Autor:
Sacha Szabo ist Soziologe und leitet, gemeinsam mit Hannah Köpper, das Institut für Theoriekultur in Freiburg.

Institut für Theoriekultur
Das Institut für Theoriekultur ist ein Theoriedienstleister und erarbeitet Phänomene und der sozialen Wirklichkeit. Die Idee, die dem Institut für Theoriekultur zugrunde liegt ist, Wissenschaft alltagstauglich und anwendbar zu gestalten.
Das Institut wird von der Idee getragen, dass Wissenschaft nicht in den Elfenbeinturm gehört, sondern auf die Straße. Sie muss leben und am Leben teilhaben.

Mehr Informationen finden Sie unter **www.institut-theoriekultur.de**

Institut für Theoriekultur
Studien zur Unterhaltungswissenschaft

Band 10

Sacha Szabo

Sozioanalyse des Alltags.

Kulturelle Wurmlöcher & Gesellschaftliche Seismographen. Trends und Traditionen aus Sicht der Cultural Studies

Sacha Szabo

Sozioanalyse des Alltags.
Kulturelle Wurmlöcher & Gesellschaftliche Seismographen.
Trends und Traditionen aus Sicht der Cultural Studies

Studien zur Unterhaltungswissenschaft, Band 10
Coverbild: Sacha Szabo
Lektorat: Christiane Waldmann
Illustrationen: Lika Kvirikashvili
Layout: Ina Beneke, Tectum Verlag

Druck und Bindung: Schaltungsdienst Lange - Berlin
Printed in Germany.

Besuchen Sie uns im Internet
www.tectum-verlag.de

ISBN: 978-3-8288-3502-3
ISSN: 1867-7622

Bibliografische Informationen der Deutschen Nationalbibliothek

Die Deutsche Nationalbibliothek verzeichnet diese Publikation in der Deutschen Nationalbibliografie; detaillierte bibliografische Angaben sind im Internet unter **http://dnb.ddb.de** abrufbar.

Inhaltsverzeichnis

Was ist Sozioanalyse?

So, wie sich die Psychoanalyse mit dem Unbewussten einer Person beschäftigt, so beschäftigt sich Sozioanalyse mit dem Unbewussten einer Gesellschaft. Bei beiden entstehen durch das Unbewusste bestimmte Phänomene. Diese sind Anlass, sich mit dem Unbewussten zu beschäftigen. Viele der Dinge, die uns täglich umgeben, scheinen banal, scheinen trivial. Dennoch üben sie einen Reiz aus, denn sonst würden sie ja nicht angefragt werden. Gerade weil viele der Phänomene so selbstverständlich sind, werden sie nicht hinterfragt. Dabei ist diese lebendige Kultur, die uns täglich umgibt, existentiell, denn sie gibt uns Auskunft über unsere aktuellen Bedürfnisse. Die Themen, mit denen sich die Sozioanalyse beschäftigt, sind in erster Linie alltägliche. Dabei ist der Begriff des Alltäglichen nur in Korrespondenz zum Außeralltäglichen zu denken. Es geht nicht um den Unterschied zwischen dem Normalen und dem Besonderen, sondern das Außeralltägliche ist ein semantischer Komplementärbegriff. Viele der alltäglichen Dinge haben das Potential, einen außeralltäglichen Raum zu öffnen. Dies ist ein Raum ohne Sorgen. Der Mensch zeichnet sich durch ein reflexives Bewusstsein aus, er weiß, dass er ist. Dies zeichnet ihn gegenüber dem Tier aus. Das Tier muss nicht wissen, dass es ist. Es benötigt dieses Wissen nicht. Der Mensch hat dieses Wissen ausgebildet, da er im Unterschied zu den meisten Tieren kein Spezialist ist. Er hat keinen Schnabel, um Nüsse aufzupicken, er kann nicht besonders gut klettern, wie ein Affe. Er ist ein Generalist, er kann alles ein wenig. Seine biologische Besonderheit ist der aufrechte Gang, der zu einer Vergrößerung des Gehirns führt. Ein veränderter Kehlkopf, der Sprechen erlaubt und dass er einen opponierenden Daumen hat. Er kann Dinge in die Hand nehmen, er kann sie begreifen. Damit ist die Voraussetzung geschaffen, dass er Pläne macht, wie der die Dinge anwendet. Mit der Vorstellung beginnt das reflexive Bewusstsein. Verbunden ist diese Erfahrung mit der Kindheit. Kindheit ist ein naiver Zustand, in dem das Kind seine Situation nicht reflektieren kann. Dieser Bereich wird als besonders wertvoll wahrgenommen, weil dort die Phantasie einen großen Raum einnimmt. Das Kind in diesem Zustand wird auch als besonders schützenswert wahrgenommen. Aus dieser Beschreibung können wir also destillieren, dass das Paradies der Kindheit ein Zustand sein soll, in dem der Mensch sich nicht selbst reflektiert und genau dieser Zustand wird nun in der Nutzung der unterschiedlichsten Fortführungen der Spielplatzgeräte erzeugt. Noch ein Wort zum Paradies der Kindheit: Dieser Zustand ist keineswegs nur friedlich. Es kommen dort durchaus Bedrohungen vor. Es sind Bedrohungen, die die eigene Existenz betreffen. Wenn wir also festhalten, dass das nicht reflektierende Kind naturnaher als der reflektierte kulturnahe Erwachsene ist, so sind die Bedrohungen dennoch vorhanden und als solche unmittelbar. Jedes Lebewesen nimmt Bedrohung wahr und reagiert auf diese, nur ist die Bedrohung mit ihrem Ende auch aus der Welt. Mit dem Entstehen von Zeitempfinden, dass das Ende von dem Paradies der Kindheit ankündigt, werden diese Bedrohung nun in eine symbolische Ordnung überführt. Anfangs ist es noch das Spiel mit Gegenständen, die die Dinge zueinander in Beziehung setzen und sukzessiv werden diese Dinge in die für unsere Kultur dominante Ordnung überführt. In Sprache. Die bedrohlichen Dinge bekommen einen Namen. Mit der Wahrnehmung der Welt als Objekt nimmt der Mensch sich auch als Subjekt wahr. Er tritt in Distanz zu sich. Er beginnt sich zu reflektieren. Er weiß, dass er ist. Damit kommen auch die anthropologischen Kränkungen auf, das Wissen um die Verletzlichkeit und das Wissen um Sterblichkeit, also die Kardinalssorgen. Mythologisch kann dies als die Vertreibung aus dem Paradies beschrieben werden.

Vertreibung aus dem Paradies

Es ist seine Natur Kultur zu schaffen und um Kultur zu schaffen, muss er sich seiner Natur konfrontieren. Ein immerwährendes Verweilen im Naturhaften hätte das Ende seiner kulturellen Existenz und damit seiner Sonderstellung zur Folge. Ab dem Zeitpunkt, ab dem der Mensch sich seiner selbst bewusst wird, entsteht Kultur. Das reflexive Bewusstsein, also, dass der Mensch weiß, dass er ein Mensch ist, unterscheidet ihn von den meisten Tieren. Kultur ist also etwas, das sich gemäß der naturhaften Verfasstheit des Menschen aus der Natur bildet. Dabei unterscheiden sich Natur und Kultur, wie dies Max Weber ausgeführt hat dadurch, dass Kultur durch eine symbolische Ordnung, also von Sinn durchzogen ist. Ob Natur von sich aus grundsätzlich sinnvoll ist, ist eine Frage ohne jede Relevanz. Sinn bedarf es nur im Hinblick auf ein Operieren in Sinnkontexten. Das reflexive Bewusstsein verändert auch die Wahrnehmung des Menschen. Lebt er im Naturzustand ganz in einer fortdauernden Gegenwart, so ist er als kulturelles Wesen in der Lage, Zeitlichkeit wahrzunehmen. Jede Ordnung ordnet in ein Davor und Danach. Diese Ordnung trägt auch zur seelischen Verfassung des Menschen bei. Ein Davor kann als schuldvoll empfunden werden, weil man eine Entscheidung getroffen hat, die sich im Nachhinein als schwer zu tragen herausgestellt haben. Die Vorstellung von Zukunft als potentiell offen birgt die Angst in sich, was von all den Möglichkeiten nun die ist, die eintritt. Der Zustand von Angst und Sorge existiert in der Vorstellung und diese Vorstellung gibt auch die Koordinaten vor, innerhalb dessen ein Mensch sein Sinnordnungssystem errichtet. Er tut dies durch Sprache. Er unterhält sich: Unterhaltung bezeichnet für den alltäglichen Sprachgebracht zuerst einen banalen, also inhaltsleeren Zeitvertreib. Daneben bezeichnet Unterhaltung in der Sprachwissenschaft eine Kommunikation, wie in der Technik etwa den Betrieb einer Anlage. Alle drei Qualitäten also Zeitvertreib, Gespräch und Betrieb eines Artefakts spielen mit in dem Begriff der Unterhaltung. Sprechen über etwas, Geschichten erzählen und diese weiterzuerzählen, das ist Unterhaltung. Unterhaltung ist mehr als nur erzählen. Es ist eine exklusive menschliche Eigenschaft. In dem Maße, in dem der Mensch in der Lage war, sich in seiner Umwelt wahrzunehmen, stellte er fest, dass diese Umwelt Kontingent, widersprüchlich, sinnfrei war. Und mittels Unterhaltungen wurde diese Umwelt mit einem Sinnmyzel durchzogen. Natürlich bestätigt die Forschung, dass auch Tiere kommunizieren. Aber im Unterschied zum Menschen sind die Kommunikationen zwischen Tieren nicht überzeitlich. Auch – wenngleich wir einräumen müssen, dass wir die Geschichten der Tiere nicht verstehen – erfinden Tiere keine Geschichten. Die Emanzipation der Unterhaltung von der angeborenen Anlage zur Kommunikation, die der Mensch mit vielen anderen Tierarten teilt, fand – so kann man es sich vorstellen – am Lager statt. Also über das Geschehen, als sich über die Vergangenheit ausgetauscht wurde und Strategien, also Planung für die nächste Jagd ausgeheckt wurden. Diese Inklusion von Zeit in die Erzählung, ist der Beginn von Unterhaltung. Der nächste Schritt ist dann die selektive Wahrnehmung von Umwelt sowie die Vernetzung bestimmter Umweltdetails zu einem exklusiven Ganzen. Der Mensch begann sich also eine Vorstellung von seiner Umwelt zu machen. Er schuf eine sinnvolle Welt. Der Mensch ist immer noch darauf angewiesen, sich in einer sinnvollen Welt zu bewegen, denn nur der Sinn schafft Orientierung. Gerade auch in einer komplexen Umwelt wie der unseren, die uns immer unsinniger erscheint, ist es spannend, die Phänomene und Artefakte, die Sinn transportieren, zu lokalisieren. Jedes Artefakt hat Sinn, da es ja mit einem bestimmten Hintersinn, also einer Vorstellung geschaffen wurde.

Dies ist die Überformung des Menschen durch Kultur. Allerdings distanziert sich der Mensch durch diesen Prozess von seiner Ursprünglichkeit. Das Tier-Sein des Menschen wird durch die Kultur wie durch einen Vorhang getrennt. Allerdings hat der Mensch zugleich das Bedürfnis, sich seiner Natur zu exponieren, denn dies ist es, was ihn lebendig hält. Die Erfahrung seiner Naturhaftigkeit ist die Erfahrung von Wirklichkeit. Diese Expositionen sind allerdings immer nur temporär. Denn durch seine Fähigkeit des reflexiven Bewusstseins verliert er zugleich die Fähigkeit, sich dauerhaft seiner Natur zu stellen. Es überwältigt ihn und er wird traumatisch. Lacan nennt dies das „Reale". Dieses Wechselverhältnis von Exposition und Integration zeichnet den Menschen aus. Damit dies möglich ist, gibt es innerhalb der Kultur Wurmlöcher, innerhalb dessen sich der Mensch seiner Naturhaftigkeit aussetzen kann und dann – kontrolliert - in den kulturellen Bereich zurückkehrt. Er bringt dabei Erlebnisse mit, die in die Kultur integriert werden und dabei das Wurmloch weiter ausdifferenzieren und anwachsen lassen. Der Mensch bringt also aus diesen Reisen durch die Wurmlöcher Energie mit, um sich als kulturelles Wesen am Leben zu erhalten.

Wurmlöcher

Diese Wurmlöcher sind immer auch soziale Ereignisse, denn an diesen Orten, an denen sich Wurmlöcher bilden, kristallisiert sich Soziales. Andere Menschen mit dem gleichen Bedürfnis tun ähnliches, tauschen sich aus und bilden Rituale. Dies schützt auch den Einzelnen davor, nicht mehr von dieser Reise zu seiner Naturhaftigkeit zurückzukehren. Er wird flankiert von einer Gemeinschaft. Diese wiederum legitimiert sich durch ihre Nähe zu einem bestimmten Erlebnis. Diese Erlebnisse selbst wiederum verändern sich beständig. Neue Wurmlöcher entstehen, alte verlieren ihre Attraktivität und so gibt die Struktur jedes Wurmlochs Auskunft über die Verfasstheit der jeweiligen Gemeinschaft. Jedes Wurmloch ist ein funktionierender Seismograph der zeigt, welche Bedürfnisse zu welcher Zeit von Menschen gestillt werden müssen. So lassen sich nicht nur Traditionen erklären, sondern auch Trends erläutern. Jedes Phänomen hat das Potential ein Wurmloch ins Außeralltägliche zu sein. Manche sind kurzlebig, manche langlebig. Um manche bilden sich große Gemeinschaften, manche bleiben eine kleine. Das augenscheinlichste Wurmloch ist die Religion, aber daneben gibt es noch viele, ganz unterschiedliche Gemeinschaftsangebote, die sehr präsent sind. Etwa die räumlichen, die Dorfgemeinschaft oder die Nation. Alle diese Institutionen haben das Potential, den Menschen aus dem Alltag zu katapultieren. Wenn nun diese Intuitionen nicht mehr tragfähig sind, dann entstehen neue. Wie etwa ein Trend. Natürlich braucht der Mensch als naturhaftes Wesen, also bevor er mit einem reflexiven Bewusstsein ausgestattet war, weder Kirche noch einen aktuellen Trend. Da er aber nun mit solch einem ausgestattet ist, sehnt er sich danach, für einen kurzen Moment den Alltag zu vergessen. Jede Institution ist auch daran interessiert sich zu verdauern. Sie akkumuliert und steht in Konkurrenz zu anderen Institutionen. Das Verhältnis von Staat und Religion ist bis heute ein Spannungsverhältnis. Beide wiederum stehen in einem Spannungsverhältnis zu Trends. Denn jede dieser Institutionen setzt das Erlebnis anderer Institutionen herab. Für alle aber gilt das Streben nach Selbsterhalt. Denn, wenn ein Wurmloch nicht mehr genutzt wird, dann verliert es seine Energie, seine Attraktivität, die nun auf andere übergeht. Diese Kartierung der Wurmlöcher zeichnet nun ein Bild der aktuell lebendigen Kultur. Auf dieser Grundlage kann man Diagnosen für eine Gesellschaft erstellen. Darüber hinaus ist für Sozioanalytiker von grundlegendem Interesse, was all diesen Institutionen zugrunde liegt. Was sind die Gemeinsamkeiten, wo liegen die Unterschiede und wie ist die Architektur jedes dieser Wurmlöcher angelegt. Auf diese Weise kann man sehen, dass unser Alltag von einem unsichtbaren Netz durchzogen ist, dessen Ankerpunkte all die kleinen, unscheinbaren Dinge unseres täglichen Lebens sind.

TRADITIONEN

Es scheint ein Wechselverhältnis zwischen der Erfahrung des Alltags und des Außeralltäglichen zu geben. Die Instanz, die sich hier wie eine Schleuse zwischen Diesseits und Jenseits schiebt, ist Kultur. Das Diesseits des Menschen zeichnet sich vorrangig dadurch aus, dass der Mensch als eines von wenigen Wesen, vielleicht sogar als das einzige in der Lage ist, das Sein zu Reflektieren. Dies ist seine Spezialität als ungerichtetes Wesen, das jedem anderen spezialisierten Wesen an Expertentum unterlegen wäre, wenn es eben nicht in der Lage wäre sich zu reflektieren. Davon ausgehend auch Zeit als soziale Größe wahrzunehmen. Der Mensch kann Pläne entwerfen. Er kann Geschehnisse, die in der Zukunft liegen, antizipieren und sein Handeln darauf abstimmen. Ja, gerade weil er sein Handeln auf Geschehnisse in der Zukunft abstimmt, wird damit eine bestimmte Zukunft realisiert. Natürlich gibt es auch die Erfahrung, dass sich die Dinge ganz anders entwickeln als angenommen. Diese Irritation, dass man sich irren kann versetzt nun den Menschen in Angst. Immer wieder werden die Pläne überprüft in der Hoffnung, dass die Annahmen die richtigen sind. So ist der Mensch als einziges Wesen in der Lage, Realität zu projektieren und damit letztlich auch Realitäten zu schaffen. Die Zeitachsen die der Mensch reflektiert reichen aber nicht nur in die Zukunft, sondern gleichermaßen in die Vergangenheit. Ein Plan heißt nämlich auch, sich für eine bestimmte Sache entschieden zu haben. Alternativen wurden nicht realisiert, damit sind auch die Folgen vom Mensch zu verantworten. Dies führt zu der moralischen Qualität der Schuld. Angst und Schuld sind also moralische Qualitäten, die an die Selbstreflexivität des Menschen gekoppelt sind. Die Selbstreflexivität wird sogar unter diesen Annahmen gewürdigt, habe ich Schuld auf mich geladen und was wird die Zukunft bringen. Das Erleben von Zeit bedeutet auch, dass der Mensch seine eigene Zeitlichkeit erfährt. Er erlebt seine Entwicklung und er kann die Entwicklung seiner Mitwesen verfolgen. Er erlebt die Hilflosigkeit, die diesen bei Krankheit und im Alter wiederfährt. Dies sind zwei der drei großen anthropologischen Kränkungen. Die dritte Kränkung ist die des Todes. Der Mensch erlebt bei seinen Mitwesen den Tod und kann ihn nicht verstehen. Es ist ein Paradox, an das Ende der eigenen Existenz denken zu wollen. Da ja die Annahme des Todes genau den Ausgangspunkt, von dem die Annahme stattfindet, nichtet. Es gibt aber auch Anteile des Menschen die nicht der Reflexion unterworfen sind, dies sind die triebhaften Teile. Dies ist der Überlebenstrieb. Nahrung und Sexualität sind die Bereiche des Menschen, die dem Triebhaften am nächsten sind. Es sind Bereiche des Unmittelbaren die sich nicht in Worte fassen lassen, da hier der Mensch noch ganz naturhaft und nicht kulturhaft ist. Die Erfahrung des Naturhaften lässt den Menschen sprachlos werden, es ist eine Erfahrung, bei der er seine Reflexivität nicht vorhanden ist. Jaques Lacan spricht hier von dem „Realen". Gerade das Bedürfnis, diese

nicht vermittelbaren Erlebnisse zu vermitteln, führen an diesen Stellen zu den kulturellen Leistungen die gerade was Sexualität und Nahrung betreffen, kaum zu überbieten sind. Und so werden die triebhaften Erlebnisse in eine symbolische Ordnung eingewebt. Es wird versucht darüber zu sprechen. Damit wird etwas wie ein Schleier über das Unmittelbare gelegt und es verliert seine Gewalt. Dies ist die Leistung von Kultur. Zugleich aber hat der Mensch als naturhaftes Wesen auch das Bedürfnis, sich seiner Unmittelbarkeit zu exponieren. Es braucht das Erleben des Triebhaften, um sich seiner Vitalität bewusst zu werden und so schafft Kultur mit der Sublimation von Trieben immer auch Wurmlöcher, in denen sich der Mensch seiner Naturhaftigkeit innerhalb der Kultur versichern kann. Dieser Bereich ist der Energiekern, in dem Reales erlebt wird, um zur Realität gewandelt zu werden. In dieser Ambivalenz liegt es nun auch begründet, weswegen sich der Mensch nicht dauerhaft dem Unmittelbaren exponieren kann. Dies liegt darin, dass er zugleich Natur und Kulturwesen ist.
Um diesen Austausch zwischen Natur und Kultur zu gewährleisten, gibt es innerhalb der Kultur bestimmte Institutionen. Beschreibt man nun einmal solch einen außergewöhnlichen Ort, so lassen sich fünf Merkmale aufzählen. Es ist eine Welt, die komplementär zur Welt außerhalb ist. Diese Zauberwelt besitzt einen eigenen Raum, eine eigene Zeit und eigene Regeln. Gleichwohl ist diese Welt an die Welt des Alltags auch räumlich angebunden. Die Ereignisse, die den Besucher einfangen, sind ganz unterschiedlicher Natur. Manchmal direkt, manchmal indirekt, manchmal subtil, manchmal grob, wird er der Unmittelbarkeit ausgesetzt. Michel Foucault bezeichnete diese außeralltägliche Welt als Heterotopie und beschrieb sie folgend:

> „Gegenüber diesen Heterotopien, die an die Speicherung der Zeit gebunden sind, gibt es Heterotopien, die im Gegenteil an das Flüchtigste, an das Vorübergehendste, an das Prekärste der Zeit geknüpft sind: in der Weise des Festes. Das sind nicht mehr ewigkeitliche, sondern absolut chronische Heterotopien. So die Festwiesen, diese wundersamen leeren Plätze am Rand der Stadt, die sich ein- oder zweimal jährlich mit Baracken, Schaustellungen, heterogensten Objekten, Kämpfern, Schlangenfrauen, Wahrsagerinnen usw. bevölkern." (Michel Foucault: „Andere Räume", 1992).

Die Orte, die traditionellen Orte, an denen das Außeralltägliche erfahren werden kann, sind die verschiedenen Festorte und die Kulturtechnik, mit der dieses Erlebnis initiiert wird, ist das Spiel. Beschreibt man den Zustand in dem sich der Proband befindet, kommen zwei Dimensionen zu Sprache, dies ist einmal das Zeitempfinden. Zeitdimensionen wie Zukunft und Vergangenheit sind aufgehoben zugunsten einer Erlebnisgegenwart. Diese Erlebnisgegenwart kann nur in dem Zustand entstehen, in dem der Mensch nicht sich selbst, seine Umwelt und sein Verhältnis zur Umwelt reflektiert. Die Differenz zwischen Ich und Umwelt fällt mit dem Aussetzen der Reflektion zusammen. Ich und Welt sind identisch. Es ist ein Zustand, in dem diese

Eindrücke nicht mehr symbolisch geordnet werden können, sondern ungeordnet auf den Menschen eindringen. Es ist ein Zustand von Unmittelbarkeit. Eine Unmittelbarkeit, wie wir sie bei vielen Tieren annehmen, sofern wir davon ausgehen, dass Tiere ihren eigenen Tod nicht problematisieren. Dynamische Begriffe die Leben, Sexualität und Tod in den Mittelpunkt rücken. Diese drei Qualitäten kann man als Lust beschreiben und so gibt es für jede Qualität auch Begriffe, die ein Präfix Lust- beinhalten. Diese scheint also der Motor zu sein, der das Leben antreibt. Die Erfahrung dieser Lust ist für den Menschen eine Unmittelbare, sie konfrontiert ihn mit den Energien, die seiner biologischen Existenz zugrunde liegen.

Festplatz

Von einem jedem Festplatz geht das ganze Jahr über ein Zauber aus. Er liegt brach, wie ein verlassenes Feld und scheinbar plötzlich erwacht er zu einem zauberhaften Leben. Menschen, Lärm, Getümmel, wo vor kurzem kein Leben sichtbar war und so plötzlich, wie diese kleine Stadt zum Leben erwacht ist, so plötzlich verschwindet sie auch wieder und der Festplatz liegt wieder im Dornröschenschlaf. Damit wird der Festplatz zur konkreten Form des Festes, das in gleicherweise urplötzlich den Alltag unterbricht und eine andere verzauberte Wirklichkeit wahr werden lässt.

Im Unterschied zu anderen kulturellen Institutionen ist der Festplatz nur verhältnismäßig kurze Zeit belebt. Wobei das nicht heißt, dass er in der übrigen Zeit ruht, er existiert außerhalb der Festzeit überhaupt nicht. Dort ist der Festplatz nur eine Wiese, auf der ein paar Tiere, Hasen, Krähen, vielleicht sogar Kühe weilen und sich einrichten. Nur zu besonderen Zeiten, den Festzeiten, die manchmal eine Woche, manchmal zwei, nicht selten aber nur ein Wochenende sind, verwandelt sich diese Wiese in eine Festwiese. Einen Ort, auf dem jetzt eine temporäre Märchenstadt existiert. Dabei ist der Begriff der Stadt keineswegs nur metaphorisch gemeint, sondern, wenn man einmal solch einen Festplatz ansieht, dann verfügt er über viele Merkmale, die eine reale Stadt gleichfalls besitzt. Es gibt Stadtgrenzen, es gibt Stadttore. Diese Zauberstadt ist in Viertel unterteilt. Es gibt Viertel, in denen stärker Handel getrieben wird. Seltene Gewürzmischungen, aber auch Kleidung und ungewöhnliche Haushaltsgegenstände werden angeboten. Es gibt Viertel, die sich der Verpflegung widmen. Regionale Spezialitäten, wie Braten oder Würste, stehen neben fremden kulinarischen Angeboten aus fernen Ländern. Der Geruch von deftigem Fleisch vermischt sich mit der Süße von Zuckerwatte und kandierten Mandeln. Gerade die Süßigkeiten sind eine Besonderheit dieses Ortes. Vieles gibt es nur in der Festzeit an diesem Ort. Daneben reihen sich Buden mit den unterschiedlichsten Unterhaltungen. Aufrufer, sogenannte Rekommandeure preisen ihre Waren an, die in Lotterien gewonnen werden können. Auch dies eine Besonderheit der Eigengesetzlichkeit dieses Orten, viele Lotterien sind staatlich kontrolliert, nur an diesem Ort existieren welche, die unabhängig von der Welt da draußen bestehen. Die Schießbude ist ein anderes Phänomen, hier darf man mit einer Waffe hantieren, außerhalb des Festplatzes ist dies strikt untersagt. Und dann natürlich die Karussells und Fahrgeschäfte. Diese orchestrieren den Festplatz im doppelten Sinne. Einmal durch ihre akustische Präsenz und dann auch durch ihre optische. Wie Schutzstürme stehen diese Attraktionen an strategischen Punkten und verteidigen die Außeralltäglichkeit. Von Außerhalb weithin sichtbar verkünden sie die Festzeit und innerhalb sind sie Orientierungs- und Anlaufpunkt. Es gibt sogar mit den Fahrkarten und Pfandmarken eine eigene Währung, die neben der alltäglichen existiert. Straßen und Wege durchziehen den Festplatz. Manche Straßen haben sogar Bezeichnungen und wie Häuser sind die verschiedenen Attraktionen an deren Rand gelegen. Mülleimer bilden die Taktstriche zwischen den Buden und ein eigener Reinigungsdienst sorgt nachts oder frühmorgens für Sauberkeit. Natürlich wird auch auf Hygiene geachtet. Toilettenhäuschen sorgen dafür, dass die Notdurft verrichtet werden kann. An verschiedenen Orten sind Hydranten, die für den Brandschutz sorgen, denn ein Feuer hätte verheerende Folgen und schnell steht der ganze Festplatz in Flammen. Fahrzeuge finden sich keine auf den Straßen, es ist ein Ort, den man zu Fuß erkundet. Die Fahrzeuge stehen hinter den Buden, bei den Wohnwagen der Schausteller. Aber auch dieser Bereich ist noch nicht der profane Raum des Alltags. Hier geht die Realität sichtbar, aber nicht spürbar in die Außerrealität über. Dieser Bereich muss es leisten, dass der Zauber des Festplatzes erhalten bleibt. Die Architekturen der Festplätze müssen sich nicht gleichen. Es gibt Feste mit vielen kleinen Festplätzen, die über die ganze Stadt verteilt sind. Es gibt mittelalterliche anmutende Festplätze, mit krummen verwinkelten Gassen. Es gibt wahre Renaissance-Anlagen mit geometrisch angelegten Wegen und es gibt Plätze, wie Marktplätze, an denen sich die Buden um einen Platz herum gruppieren.

Der Festplatz als außergewöhnlichen zeichnet aus, dass er einen eigenen Raum, eine eigene Zeit und eine eigene Gesetze hat. Johann Huizinga, der niederländische Historiker stellte eben dieses in seiner Arbeit „Homo Ludens" fest. Diese Merkmale treffen auf jeden institutionalisierten Ort zu, an dem man Zugang zu dem Außeralltäglichen erhält. Nehmen wir den vielleicht prominentesten Ort, an dem das Außeralltägliche präsent ist, die Kirche: Die Kirche verfügt über ihren eigenen Raum, man nennt ihn sogar den Kirchenraum, den man durch eine Pforte betritt und in dessen Inneren eine andere Temperatur und vor allem auch andere Lichtverhältnisse herrschen. Die Lichtverhältnisse, aber eigentlich die ganze Architektur erfüllt die Funktion, dem Menschen das Jenseits zu versinnbildlichen. Für Huizinga ist das Außeralltägliche vor allem im Spiel erfahrbar, im Wettkampf, und so könnte man auch Religion als eine Art Wettkampf zwischen dem Guten und dem Bösen beschreiben. Diese Verkürzung brach Roger Caillois auf, als er Huizingas Arbeit weiterführte und unterschiedliche Spielformen beschrieb. Insgesamt vier Spielformen gibt es, so Caillois: den Wettkampf, das Glückspiel, das Schauspiel und das Rauschspiel. Und jede dieser Spielarten ist eine Technik, den Spieler in eine andere Realität zu entführen. Einen Festplatz betritt man normalerweise durch ein Tor. Auch ist der Festplatz scharf von den übrigen Orten abgegrenzt. Nicht selten markieren die Wohnwägen der Schausteller wie eine Mauer diesen Ort. Die Wohnwägen scheinen den Platz wie eine Wagenburg zu schützen. Nur an einigen wenigen Strecken ist Einlass möglich und meist ist dieser Einlass von einem Tor umfasst. Kommt man nachts an solch einen Platz, so ist dieser besondere Raum illuminiert. Bunt, hell, strahlend betonen diese Lichter die Jenseitigkeit dieses Raums. Man wechselt also von einer Seite der Wirklichkeit auf die

andere. Ein Motiv, das stark an die mittelalterliche Geschichte von Gawein erinnert, der auf der Suche nach dem Gral „Terre Marveille" das Zauberland aufsuchte und dort von einem Fährmann übergesetzt wurde, der ihm die Reize und die Gefahren dieser Gegend nahebrachte und versuchte ihn von der Reise abzuhalten. Der Festplatz hat seinen Reiz und der Festplatz birgt auch Gefahren, gerade die Gesetze, die unsere Normalität regeln, sind dort teilweise außer Kraft gesetzt. Der Mensch ist an dem Festplatz ursprünglicher, archaischer, etwas roher. Sexualität, aber auch Gewalt sind unvermittelter. Sie sind es, weil es körperliche Erfahrungen sind, Erfahrungen, die dem Menschen auch als unzivilisiertem zugänglich waren. So ist der Gang auf den Festplatz eine kleine Mutprobe, aber Farben, Geräusche und Gerüche sind eine so starke Verlockungsprämie, dass die Lust die Angst für die meisten übertrifft, außer denen natürlich, die dem Festplatz aus genau diesen Gründen fernbleiben. Die Zeit des Festplatzes ist eine begrenzte. Es scheint so, als ob jeder Ort, der Zugang zu dem Außeralltäglichen gewährt, nur für eine begrenzte Zeit begehbar ist.
Was nämlich erst auf den zweiten Blick deutlich wird, diese zauberhaften Festorte werden nur durch die vielen Schausteller überhaupt am Leben gehalten. Oft seit Generationen mit dem Beruf verbunden, sind es die Schausteller die ihr Leben dem Vergnügen anderer gewidmet haben. Ein Schausteller ist ein Dienstleister, der Volksbelustigungen an wechselnden Orten anbietet. Diese Volksbelustigungen können Karussells, Achterbahnen, aber auch Schaubuden oder Verpflegungsstände sein. Oft finden sich verschiedene Geschäfte innerhalb einer Familie.
Die Bezeichnung „Fahrendes Volk" benutzt man eigentlich nicht mehr und ist auch eher abwertend. Die Schausteller bezeichnen sich eher „auf der Reise". Schausteller waren und sind immer eher mittelständische Dienstleister. Die Nicht-Sesshaftigkeit hatte etwas obskur-magisches. Einerseits war es eine gern gesehene Abwechslung, andererseits stellte es die eigene Lebensweise auch in Frage, als da eine Alternative vorgestellt wurde. So wurden eben negative Konnotationen mit diesem Begriff verbunden. Zum sogenannten „Fahrenden Volk" gehören etwa auch die „Komödianten". Diese haben ihren Ursprung als Artisten und Gaukler. Teilweise hat sich das heute vermischt, wobei immer noch beide Gruppen auch für sich allein präsent sind. Als Beispiel: Ein Akrobat in der Fußgängerzone kann ein Komödiant sein, ist aber mit Sicherheit kein Schausteller.
Dabei ist der Stand oder das Milieu der Schausteller sehr außergewöhnlich. Es sind Familien, oft noch Großfamilien, eigentlich richtige Clans, die auch eng zusammenhalten. Das ist im Zeitalter der Vereinzelung schon eine Erwähnung wert. Vor allem aber ist die Tätigkeit des Schaustellers die eines Generalisten. Er kann alles, was er braucht, relativ gut. Er kann verschiedene handwerkliche Tätigkeiten, wie Schweißen oder Elektrizität. Er kann Marketing, Buchhaltung, er muss rekommandieren

und noch sein Personal anleiten. Er ist ein Generalist im Zeitalter von Spezialisten. Die Existenz der Schausteller ist eine präfordistische Lebensweise in einer postfordistischen Gesellschaft. Die Faszination, die von diesem Beruf ausgeht, hat nun damit zu tun, dass sie ein besonderes Gut verkauft. Es ist ein flüchtiges Gut, ein immaterielles: Vergnügen. Es ist mehr ein Gefühl und nichts Bleibendes. So wird der Fahrgast eines Karussells beispielsweise für die Dauer der Fahrt aus seinem Alltag entführt und in eine Welt jenseits des Alltags katapultiert, die frei von Sorgen und Problemen ist. Dieses Erlebnis wird auf die Tätigkeit des Schaustellers übertragen, dessen Tun nun fast magisch erscheint. Er ist ein Magier, der den Alltag verzaubert. Dies macht diesen Stand so ungewöhnlich. Es ist eine Kaste, die die Pforte in ein Paradies jenseits des Alltags offenhält.

Kirmes

Kirmes, Jahrmarkt, Volksfest sind Bezeichnungen, die häufig synonym verwendet werden. Dabei bezeichnen sie historisch ganz unterschiedliche Qualitäten von Festen. Die älteste Bezeichnung ist die Kirmes. Schon im neunten Jahrhundert wurden Kirmessen gefeiert. Die Kirmes ist ein Patrozinium, also ein Fest, das zum Namenstag des jeweiligen Kirchenheiligen gefeiert wurde. Im zwölften Jahrhundert kamen dann die Jahrmärkte hinzu. Hier spielt schon ein weltliches Element eine große Rolle, nämlich die Verleihung der Marktrechte durch den jeweiligen Souverän. Häufig wurden die Markttage auf bestimmte kirchliche Feiertage gelegt. Wichtig ist aber, dass bei diesen Festen der Markt, also der Handel, eine wesentliche Rolle spielte.
Die nächste Gruppe sind die Schützenfeste. Die ersten entstanden etwa im dreizehnten Jahrhundert und hatten mit der zunehmenden Autonomie der Städte zu tun. Die übernahmen nämlich nun ihre Verteidigung selbst und die Feste dienten auch zur Schulung der Milizen. Die großen Volksfeste entstanden im neunzehnten Jahrhundert. Diese sollten die Bindung zwischen Volk und Herrscher festigen und die Identität zum jeweiligen Land fördern. Anfang des zwanzigsten Jahrhunderts entstanden dann die Luna Parks nach dem Vorbild von Coney Island. Dies waren dauerhafte festumgrenzte Vergnügungsorte mit riesigen Wasserrutschen, Karussells und Gebirgsbahnen. Den bisherigen Abschluss findet diese Entwicklung in den Themenparks, die ab den fünfziger Jahren nach dem Vorbild von Disneyland entstanden und sich durch eine durchgehende gestalterische Planung auszeichnen, so dass der Besucher vollkommen in eine künstliche Welt eintauchen kann. Natürlich lässt sich nicht jedes Fest aufgrund dieser Chronologie sicher zuordnen, da viele Feste Mischformen sind und die Bezeichnungen auch immer eine eigene Geschichte haben.
Diese Feste waren immer auch mit der Freizeit verbunden. Wobei man im Mittelalter, obwohl es deutlich mehr Feiertage als heute gab, nicht im eigentlichen Sinne von Freizeit sprechen kann. Freizeit als akkumulierte arbeitsfreie Zeit gab es erst im Rahmen der Industrialisierung. Jetzt konnte man mehrere freie Tage an einem Stück verbringen, anfangs nur ein Wochenende und das wurde dann – wenn möglich - dazu genutzt mit der Eisenbahn an die Küste zu den entstehenden Seebäder zu fahren. Die kleinen Eisenbahnen in den Vergnügungsparks sind noch ein Zitat auf diese frühe Faszination des Reisens. An diesen Tagen wurde auch geprasst und man achtete nicht auf sein Geld, sondern wollte sich auch „etwas gönnen". Diese Lust an der Verschwendung und am Überfluss greift auch wieder die Opulenz der mittelalterlichen Feiern auf. Und so gehört der Aspekt der Verschwendung bis heute mit zu den Festen. Wobei man natürlich auch auf einen Jahrmarkt gehen kann ohne Geld auszugeben und sich allein von den optischen und akustischen Eindrücken berauschen las-

sen kann. Das Geld selbst, und das zeigt wieder, dass der Jahrmarkt eine Art Gegenwelt ist, wird auf dem Jahrmarkt in eigene Währung getauscht, nämlich in Fahrchips. Der Grund aber, warum Menschen so gerne auf diese Feste gehen, ist immer der Gleiche. Es geht um das Erleben des Außeralltäglichen. Der Alltag ist gekennzeichnet von Mühen und Sorgen und hier können diese für einen kurzen Moment vergessen werden. Dieses Jenseits des Alltags bezeichnet einen außeralltäglichen Zustand. Der Mensch ist als eines der wenigen Wesen, vielleicht als das einzige mit einem reflexiven Bewusstsein ausgestattet. Er ist anderen Wesen unterlegen, weil er kein Spezialist ist, schlechter klettern kann oder auch keinen spitzen Schnabel hat, aber er kann Pläne machen. Er kann sich etwas vorstellen. Diese Fähigkeit ist die Spezialität des Menschen. Damit unterscheidet der Mensch zwischen sich und der Umwelt. Für Tiere gibt es keine Differenz zwischen sich und der Umwelt, es ist eine Einheit. Der Mensch hingegen empfindet sich von seiner Umwelt als getrennt. Dies ist auch eine Voraussetzung, um diese Umwelt manipulieren zu können. Allerdings hat diese Fähigkeit auch ihren Preis. Die Vorstellung von Zukunft trägt immer auch Angst in sich, ob die Zukunft wirklich so eintritt, wie man sie sich vorstellt. Und denkt man über die Vergangenheit nach, dann kann Schuld empfunden werden, weil manche Entscheidungen aus heutiger Sicht nicht mehr so getroffen werden würden. Hinzu kommt, dass der Mensch seine Nichtexistenz, seinen Tod gedanklich nicht erfassen kann, was zu einer tiefen Verzweiflung über eine scheinbar rein diesseitige und möglicherweise sinnlose Existenz führt. Der Preis also für die Fähigkeit zu reflektieren, sind die beiden anthropologischen Kränkungen, das Wissen um die Verletzlichkeit und das Wissen um die Sterblichkeit. Um diese Kränkungen herum bildet sich nun Kultur. Die Kultur webt ein Netz aus Sinn, den Menschen vor diesen Wahrnehmungen zu schützen. Allerdings distanziert dieser Prozess den Menschen wiederum von seiner eigenen Naturhaftigkeit, die darin besteht, dass er die Trennung zwischen sich und der Umwelt für einen kurzen Moment aufhebt. In diesen Momenten, in denen er ohne reflexive Distanz eine Einheit mit seiner Umwelt eingeht, ist er wieder ganz Naturwesen, ganz Tier. Allerdings sind die Eindrücke in diesen Momenten gewaltig und auch gewalttätig. Er kann sie nur schwer aushalten und so kehrt er wieder zurück in den Bereich der Kultur. Aber das Erlebnis seiner Naturhaftigkeit versichert ihn einer unmittelbaren Wirklichkeit, die für ihn lebensnotwendig ist. Innerhalb der Kultur gibt es nun bestimmte Institutionen, die exklusiv diesen Zugang zum unmittelbaren ermöglichen und dies sind die Feste.

Häufig finden sich bei den unterschiedlichsten Festen in ganz unterschiedlichen Kulturen der Tanz und das Singen als Möglichkeit, durch die Ektase in einen außeralltäglichen Zustand zu gelangen. Häufig werden auch bestimmte Drogen, in der westlichen Welt ist dies häufig Alkohol, als Mittel eingesetzt um eine Art Jenseitsschau zu

initiieren. Das Besondere des Jahrmarkts ist nun, dass es dort natürlich auch – gerade wenn man an die großen Volksfeste denkt, Bierzelte gibt, in denen der Alkoholgenuss mit gemeinsamen Tanzen und gemeinsamen Singen zelebriert wird. Aber ein Jahrmarkt ist noch mehr als nur ein Bierfest, denn auf einem Jahrmarkt stehen auch noch die unterschiedlichsten Fahrgeschäfte. Das Besondere dieser Fahrgeschäfte ist, dass sie exklusiv dafür geschaffen wurden, um die Fahrgäste in die Außeralltäglichkeit zu transportieren. Faszinierend ist nun, dass jedes dieser Fahrgeschäfte diesen Zustand ganz anders herstellt und ihm dadurch eine besondere, einzigartige Qualität verleiht. Bei einem Karussell ist es der Schwindel, der Orientierungsverlust, der angesprochen wird, ganz anders ein betuliches Riesenrad. Hier wird mehr eine Art Kontemplation erzeugt. Der Fahrgast wird buchstäblich über den Alltag erhoben und blickt gottgleich auf das bunte Treiben. Eine Achterbahn hingegen schafft es, dass in den Momenten größter Angst all die Alltagssorgen vergessen werden.
Betrachtet man nun diese Fahrgeschäfte, dann merkt man, dass sie alle auf völlig profane Vorbilder zurückgeführt werden können. Bei der Achterbahn ist die Nähe zur Eisenbahn noch deutlich sichtbar. Das Karussell hat seinen Vorläufer in mittelalterlichen Übungsgeräten für Ritter. Aber diese Vorbilder sind nun auf den zu erzeugenden Rausch hin potenziert worden. Der ursprüngliche Nutzen ist der Nutzlosigkeit gewichen und nun dienen diese Maschinen nur noch der Lusterzeugung.
Diese Exklusivität der Verschwendung provozierte natürlich auch Ablehnung. So wurden diese Feste häufig sowohl von kirchlicher als auch von weltlicher Seite kritisiert, das zieht sich teilweise bis heute hin. Der Vorwurf ist, dass diese Feste ein Ort der Verschwendung und auch des reinen Vergnügens seien. Die Idee dahinter ist, dass das Leben nicht verschwendet werden darf, sondern allein Arbeit und Gebet gottgefällig zu sein haben. Es gibt aber auch Gegenstimmen wie etwa das berühmte Zitat von Papst Johannes XXIII.: „Es ist kein Blumenbeet zu schade dafür, dass man nicht darauf ein Karussell für Kinder bauen könnte“. Dieses Zitat setzt das zweckfreie Spiel mit dem Paradies der Kindheit in Beziehung und versteht die Freude und vor allem die Sorglosigkeit als kurzen Ausflug in ein Jenseits des Alltags.
Natürlich gibt es auch viele andere Attraktionen, die erstmal so gar nicht in dieses Bild der verkehrten Maschinen, die einen in ein Jenseits des Alltags transportieren, passen wollen, wie etwa die ganzen Buden, Schießbuden und Losbuden beispielsweise. Aber auch hier spielt die Dimension einer transzendenten Wirklichkeit wieder eine Rolle. So ist die Losbude im Grunde eine Schicksalsprobe: Ist mir das Glück in diesem Moment hold? Und wenn ich nun einen Hauptpreis gewinne, dann hat der riesige Teddybär auch die Funktion meiner Umwelt mitzuteilen: Schaut her, ich bin ein Glückspilz. Bei einer Schießbude fällt einem natürlich sofort die Szene ein, dass ein Mann seiner Außerwählten eine Rose schießt. Betrachtet man dabei die Ge-

winne, so fällt auf, dass viele dieser Objekte auch eine symbolische Bedeutung haben. Die Rose als Symbol für das Leiden Christi, die Totenköpfe als Mahnung an die Vergänglichkeit alles Irdischen, die Pfauenfedern als Mahnung an die Eitelkeit, selbst die Aufkleber der Fußballvereine spielen auf eine parareligiöse Dimension hin, wenn man etwa von dem Fußballgott spricht. Natürlich aber ist die Rose nicht nur religiös aufgeladen, sondern sie ist auch ein Symbol für die Liebe.

Zumal Sexualität vielleicht der Rausch ist, der der Natur des Menschen als biologischem Wesen am nächsten ist. Das Zusammenfinden ist eine Funktion, die den Jahrmarkt eben auch auszeichnet. Auch wenn die Schaukel als Kinderspielzeug in unserem Alltag präsent ist, ist sie keineswegs alltäglich. Ihr Fahrgefühl erinnert an das pränatale Schaukeln im Mutterbauch. Auf der Kirmes ist die wilde Schaukelei mit einer Partnerin auf der Schiffschaukel aber noch mehr, es ist ein sich aufeinander einlassen, es ist eine Art symbolischer Geschlechtsakt. Ein anderes Fahrgeschäft, das sich wunderbar zur Anbändelei eignet, ist der Autoskooter. Natürlich dominiert auch hier auf der symbolischen Ebene das Motiv der Verkehrung, als dass die Regeln des normalen Straßenverkehrs außer Kraft gesetzt werden und Unfälle nun nicht mehr vermieden, sondern provoziert werden. Aber es sind eben auch genau diese Unfälle, die den Autoskooter als Flirtmaschine so beliebt machen. Man kann sich annähern, durch die Auffahrt Kontakt aufnehmen und wenn kein Lächeln erwidert wird, dreht man einfach eine Runde und es war einfach nur die Regel dieses Spiels. Diese spontane Ordnung wird dabei noch mit der Atmosphäre einer Disko illuminiert und orchestriert, so dass man eine auf das wesentlich reduzierte Diskothek hat, nur dass hier Maschinen beim „anmachen“ behilflich sind. Zurück zur Schießbude: Dort erweist sich der Mann als fähiger Jäger, der seiner Frau eine annehmbare Beute als Brautwerbung erlegen kann.

So hatten schon die ersten Kirmessen immer auch die Funktion eines Heiratsmarktes. Aus den entlegensten Gehöften kamen die Menschen zusammen und lernten sich so auch kennen. Die gleiche Funktion hat auch ein Weinfest im ländlichen Gebiet, nur hier sind es die verschiedenen Dörfer, oder um ein prominentes Beispiel zu nennen, das Oktoberfest. Hier treffen sogar unterschiedliche Nationalitäten aufeinander und lernen sich kennen. Das Anbandeln ist ein Akt, der von vielen Hemmnissen strukturiert sein kann. Das naheliegende ist die Frage nach dem Körperkontakt: Wie lege ich den Arm um die Außerwählte oder den Außerwählten? Viele der Fahrgeschäfte auf der Kirmes helfen über diese Schwelle hinweg, da sie Intimität technisch erzeugen. Allein durch die Fliehkräfte auf einer Berg- und Talbahn drückt es mich auf meine Begleiterin und all die komplizierten Regeln werden kurzerhand übersprungen. Bei der Raupenbahn senkt sich sogar noch ein Verdeck über die Chaise, so dass dies ein wunderbarer Moment für einen Kuss ist, gerade an diesem Ort, wo man ständig un-

ter Beobachtung ist. Sollte es nicht funken, dann kann man die Peinlichkeit der Annährung auf das Karussell schieben, man selbst wollte es ja gar nicht.
Die Kultur des Bezirzens findet ihre vielleicht genussvollste Form in den Lebkuchenherzen. Die Süßigkeitenstände erzeugen den Rausch auf eine andere Form und nutzen die angeborene Süßpräferenz des Menschen aus, ihn in einen Süßrausch zu versetzen. Dabei spielt eben auch eine Rolle, dass diese Waren eine symbolische Tiefe besitzen. Die Banane, man muss hier gar nicht auf die Nähe zum Phallus verweisen, hieß noch im Mittelalter Paradiesfeige, Zuckerkügelchen werden Liebesperlen genannt, kandierte Äpfel Paradiesäpfel. Und dann gibt es natürlich auch das Lebkuchenherz, das wie eine Art Liebesgabe der Angebeteten dargeboten wird. Einerseits um sie für sich einzunehmen, andererseits um allen anderen zu signalisieren, diese ist die Meine. Das Lebkuchenherz kann natürlich auch verspeist werden, aber nicht selten wird es wie eine quasireligiöse Reliquie zuhause an die Wand gehängt.

Oktoberfest

Aus diesen vielen Jahrmärkten und Volksfesten ragt dabei das Oktoberfest als besonderes heraus. Was das Oktoberfest natürlich auch ausmacht, ist das Spiel mit der Tradition, die sich mustergültig in den Trachten, den Lederhosen der Männer und den Dirndln der Frauen zeigt. Dabei geht es weniger um Brauchtumspflege, sondern vielmehr um einen kreativen Umgang mit Tradition. Steht man nämlich das Dirndl in Korrespondenz zu unserer alltäglichen Lebenswirklichkeit, dann zeigt sich folgendes. Die Renaissance des Dirndls ist ein Reflex auf die Modernisierung, die die unterschiedlichsten Lebensbereiche umfasst. Die Dirndl sind ein Reflex auf die Informationsgesellschaft. Sie sind ein Reflex auf die Globalisierung und sie sind natürlich auch ein Reflex auf die gewandelten Geschlechterrollenbilder. Angefangen beim letzten Punkt. Die Rollenbilder, was typisch Frau, was typisch Mann ist, sind nicht mehr tragfähig. Diese Stereotypen, die es früher halt gab, sind entsichert und freigegeben und werden nun als Zitat wieder rekombiniert. Konkret heißt das, dass gerade vor dem Hintergrund, dass es nichts „Typisches" mehr gibt, dieses umso dringlicher aufgesucht wird. Als der Mann mit den „feschen Wadln" und die Frau mit „Holz vor der Hütten". Aber diese Renaissance ist nicht nur restaurativ, sondern vielmehr eine spielerische Rekombination. Also gerade weil diese Symbole nicht mehr so bindend sind, kann man jetzt umso unbeschwerter mit ihnen spielen. Es ist kein Widerspruch, Feministin zu sein und ein Dirndl zu tragen. Auch wenn das Dirndl seinen Ursprung in der Volkstracht hat, haben die modernen Dirndl so gut wie nichts mehr mit diesen gemein. Es ist eher eine Art Maskenball wenn man ein Dirndl zum Oktoberfest trägt. Was ja von den traditionellen Trachtenträgern auch sehr argwöhnisch beäugt wird. Was sich eben bei diesen modernen Dirndln zeigt ist, dass nun vormals in der Tradition verankerte Symbole, jetzt mit der Auflösung dieser Tradition freigesetzt sind und zu individuellen Selbstentwürfen zusammengesetzt werden.

Auch wenn das Dirndl als typisch Deutsch erscheint, was mit seinem Ursprung im Nachkriegsdeutschland zu tun hat, als die Heimatfilme diese Trachten populär und die in Bayern stationierten G.I. die bayrische Kultur international bekannt machten, wird beim aktuellen Dirndl-Trend nicht stark auf das das Deutsche Bezug genommen. Es ist ja eher so, dass die Identifikation mit Deutschland sehr widersprüchlich ist und, wie viele Identitätsangebote, sehr kritisch hinterfragt wird, ja oft als unpassend zurückgewiesen wird. Es ist eher ein Zitat auf eine vormoderne Lebensweise. Ein Zitat auf die Vormoderne, als Landwirtschaft und die körperliche Präsenz noch alltäglich waren. Diese Vorstellung ist der Gegenentwurf zu einer, dem Digitalen verpflichteten Informationsgesellschaft. Vor diesem Hintergrund wird deutlich, dass das Tragen eines Dirndls keine restaurativ konservative Motivation zugrunde legt, sondern dass es vielmehr eine spielerische Rekombination ist, die die Trachtenträger heutzutage kultivieren. Natürlich spielt auch der Reflex auf die Überforderung durch die Globalisierung, sich auf das Eigene zu besinnen eine Rolle, aber es geht mehr um die Gleichzeitigkeit von Enttraditionalisierung und Retraditionalisierung. Es ist ein Spiel. Ein Bild, das wunderbar zeigt, wie urbane Volkskultur heutzutage aussieht, wurde vor einiger Zeit von der dpa anlässlich der Maikrawallen in Berlin veröffentlich. Es zeigt eine junge Frau im Dirndl, mit grünen Turnschuhen neben einem Punk, der um eine Mülltonne herumtanzt. Das ist das archaisch-anarchische Potential, das einer lebendigen Volkskultur innewohnt.

Natürlich spielt das Bier auf dem Oktoberfest eine zentrale Rolle. Aber das Bier ist nicht nur Genussmittel, sondern auch Medium und Katalysator für das Entstehen einer Festgemeinschaft. Wie alle Feste ist das Oktoberfest eine Auszeit vom Alltag, es unterbricht nicht nur den Alltag, sondern dort herrscht eine außeralltägliche Realität. Diese außeralltägliche Realität zeichnet sich auch durch andere Umgangsformen aus. Zum einen werden bestimmte Verhaltensweisen, die den Umgang miteinander regeln, außer Kraft gesetzt, man verbrüdert sich auf dem Oktoberfest und man ist sofort per Du. Als zweites gibt es keine Standesunterschiede, jeder wird – egal was er für einem Beruf nachgeht – sofort von der Feiergemeinde aufgenommen. Michael Bachtin beschrieb dies am Beispiel eines anderen Festes, des mittelalterlichen Karnevals. Das sind Merkmale, die eigentlich typisch für alle Feste sind und die das Oktoberfest so reizvoll machen: Der Mensch der westlichen Gesellschaften sehnt sich nach Gemeinschaft, da dieses Erleben selten geworden ist. Singles, häufige Berufswechsel, die Kirchen leiden unter Mitgliederschwund, das sind alles Zeichen dafür, dass sich der Mensch immer stärker individualisiert, aber das bedeutet häufig auch, dass er keiner Gemeinschaft mehr angehört. Zugleich hat er aber das Bedürfnis nach Gemeinschaft und so werden Erlebnisangebote wie das Oktoberfest attraktiv. Das Oktoberfest macht aus dem vereinzelten Ich ein gefühltes Wir. Aus dem Besucher wird eine Feiergemeinschaft. Dabei spielen drei Faktoren eine Rolle. Dies sind das gemeinsame Singen, das gemeinsame Tanzen und natürlich der Alkohol. Um diese Dinge werden jetzt Abläufe und Rituale inszeniert, die dafür sorgen, dass die Verbrüderung regelmäßig intensiviert wird: nämlich wenn die Kapelle „Oans Zwoa Gsuffa“ intoniert.

Weihnachtsfest

Im Unterschied zu den bislang besprochenen Festen ist Weihnachten eine ganz andere Art von Fest. Es gleicht eigentlich mehr einer Feier. Anlass ist die Geburt Jesu. Spannend ist nun, wie gefeiert wird. Es wird bei Weihnachten nämlich ein Fest gefeiert. Die Feier und das Fest sind eigentlich zwei verschiedene Dinge. Die Feier ist etwas besinnlicher, dort versichert sich eine Gesellschaft ihrer selbst. Also in diesem Fall das christliche Abendland. Im Fest, das auch etwas weniger besinnlich sein kann – man spricht ja auch vom Weihnachtsfest – versichert sich eine Gemeinschaft ihrer selbst. Bei Weihnachten haben wir es nun mit einem Wechsel dieser beiden Erlebnisqualitäten zu tun. Wenn wir einmal den Ursprung des Weihnachtsfest als kirchliche Feier betrachten, dann können wir die Unterscheidung so treffen, dass in der Kirche eine Feiergemeinschaft existiert, die sich über einen gemeinsamen Wertekanon definiert und dies mittels bestimmter Rituale, etwa dem Abendmahl, zelebriert. Häufig findet nun auf dem Kirchvorplatz ein Weihnachtsmarkt statt. Jetzt haben wir es auf dem Weihnachtsmarkt mit einer Art Fest zu tun. Bei einem Fest versichern sich Individuen ihrer Gemeinschaft.

Bei dieser Gemeinschaft werden nun auch bestimmte Elemente der kirchlichen Liturgie entlehnt, profanisiert, sie werden dem Menschen verständlich. Hier steht der Glühwein in der Funktion eines profanen Messweins. Zugespitzt könnte man sagen, er lehnt sich mit der Farbe und auch durch die Wärme an das Blut Christi an. Aber lassen wir diese möglichen Überdeutungen, letztlich ist die Versammlung von Menschen an den Ständen des Weihnachtsmarktes eine unreglementierte, volkstümliche Art von Gemeinschaft und Kommunion bedeutet erstmal auch nichts anderes als Gemeinschaft. Im Unterschied zu vielen pathologischen Alkoholmissbräuchen findet der Glühweingenuss in einer sozialen Gruppe statt. Ja, die Kälte selbst sorgt dafür, dass man noch näher zusammenrückt. Damit ist der Glühwein der soziale Kitt einer Feiergemeinschaft. Allerdings ist der Glühwein keineswegs nur einfach eine süße billige „Plörre", die „heftig birnt". Es ist schon bemerkenswert, dass es für die Weihnachtsmärkte ein nahezu exklusives Getränk gibt. Der Glühwein selbst steht in der Tradition der Würzweine, die wir schon bei den antiken Bacchanalien kennen, nur dass dort noch heftigere Zutaten, wie Bilsenkraut oder Alraune dazugegeben wurde, die halluzinogene Zustände hervorriefen. Heutzutage nimmt man meist einen Rotwein, im Idealfall einen etwas besseren. Dieser wird mit Wasser vermischt. Jetzt kommen die eigentlich spannenden Gewürze, nämlich der Saft einer Zitrone, Zitronen und Orangenscheiben und dazu Zimtstangen und Gewürznelken und nicht zuletzt eine gehörige Portion Zucker. Gerade diese Gewürze lassen den Glühwein zu einem besonderen Getränk werden, da sie vom Mittelalter bis in die frühe Neuzeit sehr kostbare Gewürze waren und aus dem Orient importiert werden mussten. Insofern ist der Glühwein auch ein typisches „Markt-Getränk", da auf den Märkten diese Gewürze leichter verfügbar waren.

Wenn wir nun kurz bei dem Markt verweilen, so fanden diese Märkte anfangs oft auf dem Kirchvorplatz statt an einem Datum, das häufig mit dem Namenstag eines Heiligen oder einem kirchlichen Ereignis verbunden war. Gerade Weihnachten als Datum von Christi Geburt und einer der höchsten Feiertage im römischen Feierkalender stellt hier ein besonderes Ereignis dar. Auch die Tage davor waren relevant. Interessant ist nun, dass ein kirchliches Fest mit der Erzeugung von Rauschzuständen in Korrespondenz steht. Anfangs waren religiöse Erlebnisse auch immer Erlebnisse des Außeralltäglichen, des Jenseits, dies wurde sukzessiv durch symbolische Handlungen kultiviert und – wenn man so will – der archaische, anarchische, ekstatische Rausch verlagerte sich nun auf den Kirchvorplatz. Die Kirmesorgel, die dabei noch bei den Kinderkarussells steht, die häufig als einziges Fahrgeschäft vorhanden sind, ist dabei ein besonderes Relikt. Die Jahrmarktsorgeln hatten die Funktion, genau wie die Musikanlage, für die musikalische Untermalung zu sorgen. Dies ist notwendig, weil die Impulse auf einem Festplatz zugleich optischer, olfaktorischer und eben auch akustischer Natur sein müssen, um einen Kontrast zum Alltag zu schaffen. Das Besondere der Jahrmarktsorgel ist nun, dass sie eine Abwandlung der Kirchenorgel ist. Diente diese dazu, einen feierlichen Charakter in einem Gottesdienst herzustellen, ist die Jahrmarktsorgel dazu da, Festcharakter zu versprühen.

Dabei geht das Weihnachtsfest noch weiter, es wird nämlich in den eigenen vier Wänden weitergefeiert. In diesem Fall ist es die Familie, die sich um den reich geschmückten Tisch einem rituellen Mahl hingibt. Natürlich spielen auch die Geschenke eine wichtige Rolle. Das Spannende am Geschenk ist jedoch, dass ein Geschenk eigentlich eine Gabe ohne Gegengabe ist. Heutzutage ist das schenken jedoch eine soziale Verpflichtung die eine Gegengabe in einem genau abgewogenen Verhältnis erwartet. Es ist mehr eine Art Tausch, der zudem viele unter Stress setzt. Wenn man sich fragt, warum man überhaupt schenkt, dann zeigt sich: Schenken ist etwas exklusiv Menschliches. Natürlich erlebt man auch bei Tieren, dass diese ihrem Partner manchmal etwas mitbringen, aber dahinter steht immer eine Intention. Das wirkliche Schenken ist aber etwas, bei dem der Schenkende keine Gegengabe erwartet. Es ist ein Akt der Selbstlosigkeit. Aber die sozialen Konventionen in unserer Kultur legen etwas anderes fest, so wie das Sheldon Cooper in der Folge die Geschenk-Hypothese der Serie Big Bang Theory ausgeführt hat. Jedes Geschenk enthält die Verpflichtung ein etwa gleichwertiges Gegengeschenk zu schenken. Häufig kommt es dabei auch zu einem Geschenkwettbewerb. Denn wenn man ein besonders persönliches oder originelles Geschenk erhalten hat, darf das eigene natürlich nicht unbedacht ausgewählt sein. Dies ist ein häufiges Thema in den Stand Up Comedys im

Fernsehen. Aber es gibt auch einen Geschenkwettkampf, der noch stärker um das Prestige ringt, das ist der Potlach. Der Potlach ist ein ritueller Geschenkwettbewerb zwischen bestimmten indigenen Völkern Nordamerikas. Auf jedes Gastgeschenk muss mit einem noch größeren Geschenk geantwortet werden. Dies geht so weit, bis einer der Stämme nicht mithalten kann und in diesem Wettkampf unterliegt. Dieser Wettkampf führte bisweilen dazu, dass manch ein Stamm in den Ruin geführt wurde. Eine Analogie findet man auch noch heutzutage, wenn Verwandte sich gegenseitig mit Geschenken überhäufen und der materielle Wert als Gradmesser der Güte der Geschenke genommen wird und bei der Gegengabe mindestens diese Güte erreicht werden muss. Vereinfacht wird diese Einhaltung der Reziprozitätsnorm durch Geschenkgutscheine. Die Reziprozitätsnorm regelt ein Verhalten, das auf eine Gabe mit einer Gegengabe reagiert.

Nun, da ein Geschenk die soziale Verpflichtung für ein Gegengeschenk strukturell in sich trägt, werden natürlich auch Geschenke mit dem Hintergedanken einer sublimen Form der Korruption gemacht. Ich spendiere einer Vorzimmerdame eine Praline und hoffe auf eine Vorzugsbehandlung. Im öffentlichen Sektor ist dies verboten und wird dort „Anfütterung im Amt" genannt. Werbegeschenke dienen zuerst einmal als Marketinginstrument. Name-dropping ist beispielsweise mit dem Werbekugelschreiber verbunden. Aber der Gedanke der Gegengabe, nämlich dass der Beschenkte sich nun verpflichtet fühlt, ist auch bei diesen scheinbar belanglosen Geschenken eingeschrieben. Durch den Vorgang des sich Schenkens entsteht Vertrauen. Bei jedem Vorgang wird das Vertrauen umfassender. Bei Geschenken kann man dies nun auch als Geldwert festmachen. Den Geschenkgutschein kann man nun auch als Geldsurrogat betrachten. Ich schenke einen bestimmten Betrag und damit es nicht zu unpersönlich erscheint, schenke ich einen Gutschein. Dies kann natürlich den Nachteil haben, dass der Beschenkte mit dem Gutschein gar nichts anfangen kann. Das ist dann ein gutes Geschäft für den ausstellenden Shop. Der Geschenkgutschein ist ein Symptom einer auf Konsum angelegten Gesellschaft und ist eben sehr unpersönlich. Das ist aber nur eine Seite des Gutscheins. Die positive Seite des Gutscheins ist, dass sich der Beschenkte nämlich das kaufen kann, was er wirklich will. Häufig kommt es nämlich auch zu einer Art Geschenkkonflikt. Man bekommt ein Geschenk, das hässlich wie die Nacht ist, aber die sozialen Konventionen verlangen es, dass es dennoch in der Wohnung aufgestellt wird. Im Übrigen auch ein beliebtes Thema in den Comedys: dieser Einbruch des ungewünschten in den Intimraum, den eine Wohnung darstellt. Der wird natürlich durch einen Geschenkgutschein elegant vermieden. Insofern ist ein Geschenkgutschein ein Zeichen von Respekt.

Silvester

In zeitlicher Nähe zu Weihnachten steht Silvester. Ein Fest mit einem ganz anderen Charakter. Interessant ist auch die Zeit dazwischen. Die Zeit zwischen den Feiertagen ist ein seltsam leerer Raum. Silvester bezieht sich auf den Namensheiligen des 31. Dezember, auf Papst Silvester. Warum nun gerade der 31. Dezember das Jahr beendet, hat mit den verschiedenen Kalenderreformen zu tun. Wir verbinden ja mit Silvester auch christliche Vorstellungen wie etwa die Beschneidung Christi am achten Tag nach seiner Geburt, also Weihnachten. Allerdings wissen wir gar nicht, wann Christi Geburt genau war, sie wurde jedoch auf den Tag des römischen Gottes Sol, des unbesiegbaren Sonnengottes, gelegt kurz vor der Wintersonnenwende. An diesem Tag wurden im antiken Rom opulente Gelage abgehalten. Vielleicht hat sich aus dieser Tradition unser Silvestermahl, bei dem man ja oft mit Freunden feiert, entwickelt. Zu Silvester gehört auch das Feuerwerk. Eng verbunden mit dem Feuerwerk sind die Entdeckung von Schwarzpulver durch die Chinesen und der Import von Schwarzpulver nach Europa. Einer der ersten, der mit Schwarzpulver experimentierte, war der Franziskanermönch Bertold Schwarz. Er wird an einem Brunnen in Freiburg geehrt. Um diese Person ranken sich verschiedene Mythen, so soll sich hinter Berthold Schwarz etwa ein Konstanzer Domherr verbergen. Bei dem Feuerwerk sollten wir zwischen Feuerwerk, dass Knalleffekte und Feuerwerk, das Lichteffekte inszeniert, unterscheiden. Häufig werden heidnische Bräuche zur Vertreibung des Winters oder des Bösen erwähnt. Im Kontext dieser Rituale wurde nun Krach und Lärm verursacht. Auf diese Linie ließen sich die Knaller und Böller beziehen. Das Feuerwerk, so wie wir es uns idealtypisch vorstellen, unterscheidet sich stark vom Geböllere an Silvester. Es hat wohl seinen Ursprung im Barock. Schon bei Ludwig, dem 14., wird von spektakulären Feuerwerksinszenierungen berichtet. Noch heute erfreut sich die Feuerwerksmusik von Händel gerade an Silvester großer Beliebtheit. Was wir nun an Silvester sehen, ist sozusagen ein „Abklatsch" oder um es wissenschaftlich präzise zu sagen: ein „absinkendes Kulturgut". Das Verhalten Adliger wurde im Laufe der Zeit von den unteren Schichten adaptiert.

Das Bemerkenswerte des Feuerwerks ist heute, dass es völlig zwecklos ist. Sicherlich liegt die Versuchung nahe, das Feuerwerk als Vertreibung des Winters zu deuten. Aber wenn wir eben die adeligen Inszenierungen von damals betrachten, dann hatte dort das Feuerwerk in erster Linie die Funktion, die Macht des Souveräns in einer besonderen Form zu präsentieren: durch Verschwendung zum Zwecke der Prachtentfaltung. Das heutige Feuerwerk vereint nun genau diese Elemente: die Gelage der römischen Antike, die germanische Winteraustreibung und vor allem die adelige Prachtentfaltung. Das mag dem einzelnen Käufer nicht bewusst sein, aber ich verfolge seit meiner Kindheit, dass jedes Jahr Kritik an diesem Silvesterbrauch aufkommt. Es kommt Kritik auf über das Geld, das vernichtet wird und was man Vernünftiges damit anstellen könnte. Dabei ist das Wesen dieses Festes die Unvernunft und die Verschwendung. Es gehört zum Feuerwerk dazu, dass es Geld kostet. Das Geld wird – bildlich gesprochen – temporär ästhetisch erhoben und dann zum Verschwinden gebracht. Es ist eine Art Opfer. Ein Opfer, das sich über Jahrtausende als Relikt erhalten hat. Gerne wird im Kontext von Feuerwerk Adorno zitiert, der Folgendes gesagt haben soll: „Das Feuerwerk ist die perfekteste Form der Kunst, da sich das Bild im Moment seiner höchsten Vollendung dem Betrachter wieder entzieht". Ich glaube, dieses Zitat ist nicht verbürgt, sondern ist eine popularisierte Form eines Zitates von Adorno zur modernen Kunst aus seinen Schriften zur Ästhetik. Dort wird Adornos Aussage deutlicher, nämlich dass Kunst wie das Feuerwerk sei, und sich durch seine Zweckfreiheit der Verdinglichung entziehe. Es ist die hohe Kunst der Verschwendung, die an Silvester praktiziert wird. Damit wird das Feuerwerk, obwohl es hochgradig kommerzialisiert ist, zu einem antikapitalistischen Fest, da es sich gerade der umfassenden Verwertungslogik entzieht.

TRENDS

Bei der Kirmes und den Volksfesten konnten wir die Tradition der außeralltäglichen Orte aufzeigen. Dabei ist es nicht die Tradition, die diese Wurmlöcher offen hält, sondern der Zuspruch, den sie immer noch erfahren. Allerdings wandeln sich auch die Ansprüche, die an die Attraktivität solch eines Ortes gestellt werden. So wandelt sich „Weihnachten" vom Mystischen ins Mythische. Also zu einem Phänomen, dessen eigentlicher Inhalt schon lange vergessen wurde. Es scheint eine inhaltslose Inszenierung zu sein. Nirgends wird dies besser deutlich, als bei der Illumination von Wohnhäusern. War dort die ursprüngliche Bedeutung die, eine Kerze in das Fenster zu stellen um der Schutzsuchenden Jesus-Familie ein Zeichen des Willkommens zu schicken, so wandelt sich dies heute zu einem Überbietungswettstreit. Ähnlich dem Potlach, bei dem sich Stämme mit Geschenken gegenseitig überboten um ihre Macht zu demonstrieren, soll jetzt die Jesus-Familie mit einer Lightshow, die einer Stadionbeleuchtung würdig ist, geködert werden. Es ist ein Verdrängungswettbewerb um die Gnade und die Gunst Gottes zu erlangen. Wenn man dies konsequent zu Ende denkt, dann ist die horrende Stromrechnung eine Art profanes Opfer.
Man sieht, die außeralltäglichen Orte. Sie stehen in Korrespondenz zur jeweiligen Zeitlichkeit. So erleben wir ein ständiges Neuentstehen solcher Heterotopien. Der Ballermann ist dafür ein wunderbares Beispiel. Auf den ersten Blick ein völlig banales Geschehen, zeigt sich, dass wir es beim Ballermann nun mit einem Fest zu tun haben, das gerade am Entstehen ist. Es ist sozusagen der Urknall eines Festes und nun ist die spannende Frage, welche Elemente wir in dieser Ursuppe lokalisieren können. Es werden bei diesen Phänomenen immer Verlockungsprämien eingesetzt, die für die Menschen der jeweiligen Kultur - respektive Gesellschaft - als attraktiv erscheinen. Es zeigt sich, dass gerade die Aspekte reizvoll sind, die in einem Komplementärverhältnis stehen. So ist beim Ballermann das Erlebnis von Gemeinschaft ein zentraler Attraktor. Bei einem Junggesellenabschied ist eine spielerische Inszenierung einer Versorgerrolle und selbst bei aktuellen Moden wie dem Lunch-Beat oder dem Holi-Festival werden zentrale Diskurse aufgegriffen und spielerisch eingesetzt, um die Teilnehmer einzubinden. Es werden häufig gerade die Strukturen der entzauberten Wirklichkeit genutzt, um diese aufs Neue zu verzaubern. Es ist das Motiv der Verkehrung, das für diese modernen Feste zentral ist.
Allerdings ist dies nur die Struktur. Innerhalb dieser Struktur befindet sich wie ein energiereicher glühender Kern das Reale. Nur das Versprechen dieses zu erleben, zieht die Teilnehmer an. Und nur durch das Erleben des Realen kann der Mensch seine Vitalität erfahren und sich so dem Alltag erneut stellen.

Kulturpark

Der Rummelplatz im Plänterwald wurde am 04. Oktober 1969 als „VEB Kulturpark Berlin“ eröffnet. Er wurde nach einer nur siebenmonatigen Bauzeit als Prestigeobjekt der DDR-Regierung, anlässlich des 20-jährigen Jubiläums der Staatsgründung an die Bevölkerung übergeben, wie dies bildhaft in der „NBI Nr. 43“ dargestellt und beschrieben wurde.

Zur Realisierung dieses Vorhabens in dieser kurzen Zeit wurden über Nacht mehrere Betriebe für den Bau verpflichtet. Um den Park von den restlichen DDR-Rummelplätzen abzuheben, importierte man die Fahrgeschäfte aus nichtsozialistischen Warengebieten. Von den Berlinern wurde der Kulturpark liebevoll „Kulti“ genannt. Das Gelände hatte eine Größe von circa 60 ha, von denen lediglich rund 18 ha als Rummelplatz genutzt wurden. Er war der einzige ständige Rummelplatz der DDR. Im Unterschied zu den meisten bekannten Vergnügungsparks, ist der Kulturpark Berlin in einer sozialistischen Gesellschaft aufgebaut worden und nach der Abwicklung der DDR in der (spät)kapitalistischen BRD bis zum Scheitern, als Spreepark Plänterwald fortgeführt worden. Bemüht man das Gleichnishafte dieses Ortes, dann zeigt sich dieser städtische Luna-Park als seismographischer Indikator der Stabilität des jeweiligen gesellschaftlichen Umfeldes. Das Besondere ist aber der Ursprung in einer sozialistischen Gesellschaft. Das Verhältnis der linken Theorie zum Vergnügen ist bekanntermaßen ein ambivalentes.

So wird das außeralltägliche Erlebnis des Rausches, der auf dem Jahrmarkt in den unterschiedlichsten Formen angeboten wird, durch eine Vergnügungsindustrie substituiert und wirkt damit zugleich kompensatorisch. Reinhard Knodt spricht daher treffend bei der Konstruktion von Vergnügungswelten am Beispiel eines artifiziellen Bergsdorfes von „Hyperatmosphäre“ (Knodt, 1994, S. 124).

Damit wird der Vergnügungspark zum Sinnbild oberflächlichen Spektakels. Wird nun genau dieser Ort als Fluchtort aufgesucht, um der individuellen Leiderfahrung, den Alltagsproblemen zu entgehen, verstrickt sich der Flüchtende umso tiefer in die Leid auslösenden Strukturen, was das Gefühl der Ohnmacht nur verstärkt.

Genau dies ist auch der Kritikpunkt, an dem Linke Kulturkritik Vergnügen als Eskapismus deklariert. Zentral dafür ist Adornos Ausführungen über die Kulturindustrie: „Amüsement ist die Verlängerung der Arbeit unterm Spätkapitalismus. Es wird von dem gesucht, der dem mechanisierten Arbeitsprozess ausweichen will, um ihm von neuem gewachsen zu sein. Zugleich aber hat die Mechanisierung solche Macht über den Freizeitler und sein Glück, sie bestimmt so gründlich die Fabrikation der Amüsierwaren, dass er nichts anderes mehr erfahren kann, als die Nachbilder des Arbeitsvorgangs selbst. Der vorgebliche Inhalt ist bloß verblasster Vordergrund; was sich

einprägt, ist die automatisierte Abfolge genormter Verrichtungen." (Horkheimer/Adorno, 1988, S. 145)
Vor diesem philosophischen Hintergrund wundert es, dass gerade in einer sozialistischen Gesellschaft ein Vergnügungsort installiert wurde. Dies umso mehr, als dass ja das Vergnügen als Alltagsflucht verstanden werden und nicht dem Aufbau des Sozialismus dient. Wie empfanden nun Zeitzeugen diesen Widerspruch im real existierenden Sozialismus? Dazu wurden mehrere Besucher des Kulturparks Berlin, wie der Spreepark Plänterwald zu DDR Zeiten hieß, befragt. Dazu drei Stimmen, die etwa einen repräsentativen Tenor abbilden und ihre Motivation folgend darlegten.
„Abschalten, mal was anderes erleben. Ich sage mal, auch gerade, um sich den Adrenalinkick zu besorgen oder eben, sich auch eine intakte Welt zu suggerieren, weil die andere Welt eigentlich recht beschissen ist. Da steht ein Fluchtgedanke dahinter." (Uwe, geb. 1974)
„Ich könnte sagen, dass vielleicht durch den Kulturpark, durch die relativ humanen Preise auch die Leute von Unzulänglichkeiten abgelenkt werden sollten. Ich meine, der Begriff Kultur war ja in der DDR eigentlich weit verbreitet. Es gab Kulturhäuser, es gab den Kultur-Obmann, der sich drum kümmerte, dass die Leute was in der Freizeit machen sollten, aber auch das Richtige machen sollten. [...] Es gab ja zu DDR Zeiten in den Betrieben die Brigaden. Was man jetzt so Abteilung nennt oder Gruppe, die hießen Brigaden. Und die haben natürlich auch, sage ich jetzt mal, regelmäßig irgendwas gemacht. Ob sie nun in die Patenklasse, in die benachbarte Schule gegangen sind und da mit Kindern was gemacht haben, oder man hat andere Betriebe besucht, oder sich auch mal zu einem Tanzvergnügen getroffen. Ich sage jetzt mal, dieser Kultur-Obmann, der war dafür verantwortlich dafür zu sorgen, dass es irgendwelche Aktivitäten gab. Dass auch mal Brigade geschlossen ins Theater gegangen ist. War vielleicht auch nötig. Während man arbeiten gegangen ist, wurde man mit dem sozialistischen Wettbewerb konfrontiert. Dann sollte man sich Gedanken machen um irgendwelche Neuerungen, die dann auf dieser so genannten Messe „Der Meister von morgen" gezeigt wurden. Man hatte zum Teil auch gesellschaftliche Verpflichtung, sprich Konfliktkommission zum Beispiel, das waren ja alles so Sachen, wo man als Arbeitnehmer auch involviert war zum Teil. Man brauchte auch mal einen Ausgleich. In diesem Kulturpark war ja auch wenig Politik mit drin. Da hat man sich auch mal mit der kompletten Familie getroffen, um seinen Spaß zu haben und die Politik wurde ziemlich viel außen vorgelassen." (Lars, geb.1967)
„Wenn ich in so einen Freizeitpark gehe, wo ich also wirklich Freizeit habe, wo ich jetzt nicht alle Fahrgeschäfte abklappern muss und mein Geld ganz schnell unter die Leute bringe und wieder nach Hause fahre. Sondern man wirklich einen Tag verbringen und sich beschäftigen kann, wenn man möchte. Wenn man nicht möchte, dann

kann man sich in irgendeine Ecke setzen und die Leute beobachten. Man denkt weder an den Job, noch an den Ehekrach den man vielleicht vor drei Stunden noch hatte. Es ist einfach so: Ich bin jetzt hier, für mich ist es schön, dass ich auf der Welt bin und nicht runterfalle." (Barbara, geb. 1960)

Wir sehen also, dass, obwohl die Intention bei der Konzeption des Kulturparks eine andere war, es dort einen Ort gab, der Alltagsfluchten ermöglichte. Ein Ort des Vergnügens im real existierenden Sozialismus

Und dabei gründet doch die Stabilität sozialer Systeme sich in einem allumfassenden Zugriff auf das einzelne Individuum, das innerhalb dieses Systems seine Rolle zugewiesen bekommt. Um diese Krise zu beschreiben, müssen wir uns kurz in das komplexe Feld der Philosophie begeben. Was, wenn sich die Basis nicht mit dem Überbau deckt, oder verlassen wir diese Ebene und fragen abstrakt, was ist, wenn der Signifikant (Das Bezeichnende) nicht mehr auf einen verlässlichen Signifikant (Bezeichnete) verweist. Diese Struktur findet sich sogar metaphorisch im Stadtbild Berlins, das nämlich auf Straßenschildern auf den nicht mehr existierenden Park verweist. Guy Debord beschreibt dies als „Gesellschaft des Spektakels". Genau dieses Spektakel ist das Merkmal, das diesen Park über zwei Gesellschaftssysteme hin auszeichnete. Das Bemerkenswerte dieses entsicherten Signifikanten ist nun, dass er gewissermaßen optisch (und biographisch) für die Sicherheit der Wirklichkeit bürgte, wie es eine Zeugin beschrieb.

„Wenn man mit der S-Bahn in Berlin zwischen den zwei Bahnhöfen Treptow-Park und Ostkreuz fährt, kommt man über die Spree. Dann hat man einen Blick auf das Riesenrad, auf diese Silhouette. [...] Also seit Jahrzehnten, ich bin ja jetzt auch schon fast dreißig, kenne ich diese Silhouette von diesem Riesenrad. Das ist für mich so ein ganz fester visueller Anker auf dieser Spreeüberquerung in der S-Bahn. Und ich gucke dann öfter mal da rüber und frage mich, ob das Riesenrad noch steht. Ist die Welt noch in Ordnung, steht das Riesenrad noch? Und das ist für mich tatsächlich auch mit Emotionen behaftet, da rüber zu gucken und mich zu vergewissern, ob das Riesenrad noch steht und ob irgendwie dieser wichtige Teil von meiner Kindheit noch existiert. Ich bin dann irgendwie manchmal auch richtig verwirrt, wenn ich das aus irgendeinem Grund nicht gesehen habe. „Oh Gott, jetzt ist es weg!" Beim nächsten Mal noch mal gucken, ob es tatsächlich weg ist. Jetzt bin ich eigentlich mal gespannt, das noch mal bei Dunkelheit beleuchtet zu sehen aus der Ferne. Das ist bestimmt ganz nett, wenn die 10.000 Glühbirnen jetzt wieder im Dunkeln alles erleuchten können." (Désirée, geb. 1981)

Dieser entsicherte Signifikant ist damit letztlich selbst zu einem Signifikaten geworden. Wir erleben bei der Betrachtung des Spreeparks eine autopoetische Begründung des Vergnügens und dies vor dem historischen Hintergrund, dass der Park, der in der Blüte des real existierenden „Analmarxismus“ (Strehle) gegründet wird, mit dem Verschwinden der DDR seine kompensatorische Notwendigkeit verlor und mit der Krise des „digitalen Börsenkapitalismus“ seine strukturelle Stabilität. Was also nach dem Ende der „Metaerzählungen“ bleibt ist eine Ruine, die die Vergänglichkeit von Systemen versinnbildlicht und nun eine einzigartige „Vergnügungsbrache“ darstellt.

Ballermann

Der Ballermann ist nicht, wie viele denken, ein einzelnes Lokal oder ein Ort. Es ist ein Phänomen, das auf Mallorca am Balneario 6 seinen Ursprung nahm. Es ist eine Art Karneval, nur dass dieser Karneval das ganze Jahr ist. Auf Mallorca, genauer in Playa de Palma gibt es ein Viertel, eigentlich sind es eher zwei Straßen, die Schinkenstraße und die Bierstraße und mehrere Clubs, wie das Oberbayern, das RIU Palace und vor allem der Megapark, die man gemeinhin zeigt, wenn man vom Ballermann spricht. Ursprünglich sprach man gar nicht vom Ballermann, sondern von „Malle". In den neunziger Jahren wurde dann die umgangssprachliche Bezeichnung für die Strandbuden, nämlich aus Balneario wurde Ballermann, weil man sich dort einen reinballerte, langsam als Marke aufgebaut. Der Begriff schaffte mit dem Film von Tom Gerhard den Durchbruch und heute steht Ballermann für ein bestimmtes karnevaleskes Lebensgefühl.

Dies zeigt sich, wenn man diese Partykultur untersucht. Es besteht aus vier Grundelementen, die für den Kulturwissenschaftler Michael Bachtin den Karneval auszeichnen. Das sind die Verkehrung, die Mesalliance, die Profanation und die Exzentrizität. Übersetzt bedeutet das, dass im Karneval die „normalen" Dinge in ihr Gegenteil verwandelt werden. Der Narr ist König und der König ein Narr. Der Karneval ist ein Erlebnis, das sich grundlegend vom alltäglichen unterscheidet. Im Mittelalter gab es in Europa eine Lachkultur, die die Angst vor dem Tod und die Angst vor der Strafe verlachte, daraus entwickelte sich der Karneval. Teil dieses Karnevals ist die Aufhebung sozialer Schichten, aber auch die Umkehrung von Herrschaftsverhältnissen. Man denke etwa an das kölsche Dreigestirn. Genau diese karnevaleske Situation fordert Jürgen Drews für die Ballermann-Partykultur ein. Es findet eine Vergemeinschaftung ganz unterschiedlicher Menschen statt. Jürgen Drews verkörpert stärker als viele der neueren Künstler auch das ursprüngliche Mallorcaflair. Ende der achtziger, Anfang der neunziger Jahre wurde am Strand von El Arenal deutscher Schlager gespielt, wohingegen zu dieser Zeit der Schlager in Deutschland eher in einer Krise steckte. Jürgen Drews inszeniert sich ja nicht nur als König von Mallorca, sondern hat auch ein gleichnamiges Lied im Repertoire, das sehr aufschlussreich ist. Man nimmt ein unbekanntes Land in Besitz, und sei es eben nur in der Urlaubszeit und stellt dort eigene Regeln auf. Es ist eine Art Utopia. Und lautet ja eine Zeile auch: „Party feiern bis zum Morgen, das gibt´s nur hier, das ist gewiss. Hier ist der Himmel auf Erden, das letzte Paradies." Es klingt etwas überinterpretiert. Aber es geht im Kern darum, dass im Urlaub andere Normen gelten. Gleiches gilt auch für eine Feier, auch dort gelten anderen Normen, etwa der Umgang mit Alkohol oder Sexualität. Und der Alkohol selbst sorgt auch dafür, dass die Alltagsnormen etwas gelockert werden. Sicherlich merkwürdig diese Situation als Utopia zu bezeichnen und doch ist es eine Welt jenseits der Alltagsrealität. Genau diese Aspekte werden in der folgenden Strophe auch dezidiert benannt: „Ich bin der König von Mallorca. Ich bin der Prinz von Arenal. Ich habe zwar einen an der Krone, doch das ist mir scheissegal."

Im Karneval vermischen sich Stände und Schichten, alle verbrüdern sich und heilige Dinge werden für diese Zeit parodiert. Alles Motive, die wir so auch auf Mallorca wiederfinden. Die Verbrüderung folgt dabei einer eigenen Dynamik. Nun, stellen wir uns einmal folgendes Bild vor: Es ist eine laue Sommernacht und eine Gruppe junger Männer mit Bierflaschen, leicht angeheitert, macht sich auf den Weg zu einer Party. Wie kann solch eine Gruppe aussehen? Da sind vorne zwei Personen, die beständig Lärm machen und die Gruppe ankündigen. Einer der beiden ist eher ein Wortführer, wohingegen der andere ein Mitläufer ist und von der Aufmerksamkeit, die dem Wortführer entgegengebracht wird, profitieren will. Dann gibt es den Stillen in der Gruppe, der in der Mitte der Gruppe läuft und ihm beigestellt ist ein etwas kräftiger gebauter Gutmütiger, der oft wie ein Fremdkörper bei der Gruppe wirkt. Wird es jedoch später am Abend, dann gilt dieser als Anlaufstation. In erster Linie wird ein räumliches Koordinatenkreuz entwickelt. Es gibt die Homebase, dort ist der Gutmütige, wohingegen sich der Wortführer stark exponiert. Der Mitläufer und der Stille bewegen sich nun zwischen diesen Punkten und versuchen so, Eindruck zu machen. Weil es sehr sachlich beschrieben ist, wirkt es sehr abstrakt. Wenn wir aber einmal diese Party-Archetypen mit geläufigen Bezeichnungen versehen, dann merken wir, dass der Volksmund alle vier Typen sehr schätzt. Da ist der Gemütliche, der Bär und wenn die Feier es schafft, diesen zu integrieren, dann „tanzt der Bär". Der Stille ist in anderer Lesart cool und erfüllt damit das Klischee des Partylöwen, der ruhig am Rand der Tanzfläche steht und still sein Glas hält. Der Wortführer ist in dieser Lesart ein Gockel. Ein Begriff, der im Bayrischen als „rumgockeln" bekannt ist. Und der Mitläufer erhält geradezu eine Aufwertung. Im Versuch seine Rolle zu finden, kaspert und albert er häufig rum. Er macht sich zum „Affen". Diese Auffälligkeiten lassen sich auch an der Trinkkultur festmachen. Jeder dieser Gruppe demonstriert mit seinem Trinkverhalten etwas anderes. Großspurigkeit, Besonnenheit, Außenseitertum und natürlich zeigt sich das auch im Tanzen. Das Stehen an der Tanzfläche hatten wir ja schon beschrieben, nun gibt es auch ein sehr aggressiven Antanzen, ein narzisstisches „sich zeigen" und natürlich auch ein „verlassenes Sitzen am Tisch". Wenn diese Arche-Typen sich ergänzen, dann gehen die unterschiedlichen Strategien zugleich auf und bilden eine gelungene Sozialinstallation. Um im Reich der Tiermetaphern zu bleiben: Dann „geht die Sau ab".

Am Verblüffendsten am Strand von Palma de Mallorca sind aber die religiösen Referenzen. Tatsächlich finden sich überall religiöse Zitate. Angefangen von Rosenkränzen als Modeacessoire und Heiligenbildchen als Armbänder fällt vor allem eines auf, dass nämlich das Gebäude des Megaparks einer Art Kirchenruine nachempfunden ist. Nur dass in den Spitzbogenfenstern nun Hopfen und Malz gepriesen werden. Wenn man so will, korrespondiert diese Ruine mit der Kathedrale von Palma. Diese Verweise betten nun ein modernes Fest ein, das mehr von dem angenommenen Exzess, als vom tatsächlichen lebt. Was nun aktuell geschieht, ist, dass dieser Ort reglementiert wird. Man kann dies mit Norbert Elias als Zivilisation bezeichnen. Das wilde archaisch-anarchische wird durch Regeln begrenzt. Nun geschieht auf Mallorca etwas, das man aus vielen deutschen Städten kennt: Gentrifizierung. Das anfänglich wilde unbeschwerte, das viele suchten, wird eingedämmt, kommerzialisiert und mit Verboten eingerahmt. Das dient letztlich dazu, den Gewinn zu maximieren und die Risiken besser zu kalkulieren. Was verloren geht, ist die ursprüngliche Energie. Natürlich wird argumentiert, dass man den exzessiven Partyurlaub nicht will. Es geht aber im Kern darum, den Urlaub als außeralltäglichen – in diesem Fall kann man den Begriff abwandeln und sagen – als außerordentlichen Raum zu disziplinieren.

Der Tourismus lebte immer von der Dialektik, sich als exklusives Erleben zu inszenieren und doch ein Massenprodukt zu sein. Immer wird eine Destination von Urlaubspionieren ausgewählt, die, sobald Nachzügler dorthin reisen, den Ort abwerten. Man kennt ja die Geschichten à la „vor drei Jahren war das noch ein ganz verschlafenes Fischerdorf, aber jetzt …“. Tourismus ist immer ein Verteilungskampf um symbolisches Kapital.

Dabei verliert man aus dem Blick, dass der Urlaub sich vom Alltag unterscheiden muss. Ist der Alltag von Arbeitszeiten geregelt, so sollte der Urlaub ohne allzu feste Strukturen sein. Ist der Alltag durch Disziplin gekennzeichnet, soll der Urlaub sich durch ein sich-gehen-lassen auszeichnen. In unserer Leistungsgesellschaft ist der Urlaub die Möglichkeit eines temporären Utopias. Eines Gegenentwurfs. All die Dinge, die man im Alltag tut, kann man dort hinter sich lassen. Natürlich wird gerne eingewandt, dass der Urlaub nur eine Alltagsflucht sei. Dass man dort lediglich die Arbeitskraft regeneriert. Aber dass dieses Utopia genau so bemessen ist, dass keine Revolte, weder eine innere noch eine äußere stattfindet, das alles stimmt auch zu großen Teilen. Aber man muss eben auch sehen, im Urlaub kommt der Mensch seiner naturhaften Bestimmung sehr nahe. Er ist ein Nahrungsopportunist. Er hat nichts dagegen sich für seine Nahrung nicht anstrengen zu müssen. Er ist ein geselliger Einzelgänger. Er ist eigentlich so etwas wie ein Natural Born Chiller. Unser Bild von Natur als ständiger Kampf ist völlig von unserer gesellschaftlichen Wirklichkeit geprägt. Tatsächlich passiert relativ wenig in der Natur, das kann jeder bestätigen, der einmal einen Tag lang eine Katze beobachtet hat. Aber der Mensch ist zugleich mit einem Bewusstsein seiner selbst ausgestattet, er muss sich auch mit sich beschäftigen. So wechselt er zwischen seinem Naturzustand, der heißt Bequemlichkeit und seinem

Kulturzustand, der heißt Arbeit. Dieses Spannungsverhältnis zeichnet den Menschen aus. Aber dazu gehört eben auch, dass man dem Menschen das Recht zugesteht, auf der faulen Haut zu liegen und dabei Shorts, Tank-Top und Sandalen mit Socken zu tragen.

Was auffällig ist, dass jeden Sommer immer wieder das gleiche Thema aufkommt, wie unmöglich sich die Leute im Urlaub anziehen. Irgendwelche Stilpolizisten kritisieren dann Dont´s, wie gemusterte Bermudashorts, Träger-Tops und natürlich der Klassiker: Socken in Sandalen. Spannend ist, wie – durch diese Kritik – ein Bereich der Kontrolle unterworfen werden soll, bei dem der Einzelne eigentlich völlig entspannen sollte: der Urlaub. Der Urlaub zeichnet sich gegenüber dem Arbeitsalltag dadurch aus, dass es eine ganz andere Welt ist. Andere Regeln, andere Verhaltensweisen und eben auch ein anderer Kleidungsstil. Der Alltag ist durchreglementiert und von Pflichten durchsetzt. Im Urlaub will man sich dann einmal gehen lassen. Man will die starke Kontrolle für kurze Zeit vernachlässigen und die Disziplin, die man sonst jeden Tag aufrechterhält, schleifen lassen. Dies äußert sich in verschiedenen Facetten. Man isst beispielsweise in kurzen Hosen. Manchmal sogar mit nacktem Oberkörper, sodass viele Hotels darauf hinweisen, dass man beim Betreten des Speisesaals auf die Garderobe achten soll. Natürlich gehört auch dazu, dass man sich exzessiv sonnt und sich einen kapitalen Sonnenbrand holt und dazu gehört eben auch die entsprechende Kleidung, die man im Alltag nie tragen würde. Tatsächlich ist die unmittelbare Erfahrung von Sonne, Sand und Meer auf der nackten Haut ein ursprüngliches Naturerlebnis, das durch zivilisatorische Akte oder – nennen wir es beim Namen – durch Kleidung gemindert wird. Der Mensch als natürliches Wesen, als Tier, hat nun ein Bedürfnis eben nach dieser Erfahrung.

Das, was nun aber auch in der Freizeit eingefordert wird, ist Selbstdisziplin. Der Gradmesser geleisteter Selbstdisziplinierung zeigt man nun nicht mehr an Hand der „faulen Haut“, sondern am gleichmäßig gebräunten epilierten Körper. Sonnen wird betrieben, fast nach Stundenplan setzt man die verschiedenen Körperpartien der Sonne aus. Genuss ist dabei zweitrangig, sondern entscheidend ist der Grad der Bräune, die man sich im Urlaub „erarbeitet“ hat. Die Epilation selbst war immer ein kultureller Akt, der einer bestimmten Vorstellung folgte. Das zieht sich vom alten Ägypten über den arabischen Kulturraum und kommt nun über Amerika im Westen an. Vordergründig wird gerne mit Hygiene argumentiert, wobei Hygiene immer auch ein politischer Begriff ist. Nehmen wir die Hippiebewegung der sechziger und die Freakbewegung der siebziger Jahre, die sich als antikapitalistisch verstanden und gegen die Entfremdung ihrer Lebenswirklichkeit protestierten. Dort wucherten die Haare wild in alle Richtungen. Die Sexfibel dieser Jahre „Joy of Sex“ propagiert geradezu den behaarten Körper, der den eigenen Körperduft ausströmt. Der Kuss in die behaarte

Achsel wird zur Revolte. Eine Vorstellung, bei der uns heutzutage schaudert. Wir folgen heute dem Idealbild eines gepflegten, hygienischen Körpers, der im Übrigen auch nicht natürlich duften darf, sondern deodoriert werden muss. Auf diesem Körper, dessen Ästhetik sich durch die Hervorhebung definierter Muskelstärke stark an Maschinen orientiert, darf nichts mehr natürlich sein. Körperbehaarung ist das Naturhafte, das es zu verdrängen gilt. Damit steht der Körper in der Tradition der Naturbeherrschung des Menschen an sich selbst, die Grundlage der Technisierung ist. Diese Kontrolle über den eigenen Körper, hat ihren Ursprung in US-Amerikanischen Serien, wie beispielhaft „Sex and the City", „Desperate Housewives" oder „How I meet your Mother". In allen diesen Serien wird ein Feldzug gegen Wildwuchs geführt und das Dunkle der Erotik durch eine aufgeklärte hygienische Sexualität ersetzt. Sexualität wird nun von der Lust und der Ekstase getrennt. Sex ist in erster Linie Leistung oder wie es Tyler Durden in „Fight Club" nennt, es ist Sportficken. Wird Sex von der Leidenschaft und dem Rauschhaften gelöst, verschwindet auch das Geheime, das Verbotene, das Wilde, eben das Naturhafte. Die Lust des Sexes wird nun mit dem Schmerz des Waxings erkauft. Es scheint eine Art vorweggenommene Bestrafung zu sein. Leiden für die Lust und es heißt ja auch „Wer schön sein will, muss leiden". Aber man kann natürlich auch dem Schmerz etwas Lustvolles abgewinnen, dann könnte es heißen „Schönheit gibt es nur im Leid".

Auch die Art, wie der Körper präsentiert wird, wird dabei durch Disziplin zivilisiert. Gerade Kleidung war schon immer ein Mittel zur Erziehung und die internalisierte Form dieses Zwangs nennt man dann persönlichen Stil. Mode, wie wir sie kennen, die frei und scheinbar individuell kombiniert wird, ist historisch ein recht junges Phänomen. Lange herrschten verschiedenste Kleidervorschriften. Selbst die Regenten waren oft nicht frei in ihrer Wahl. Nun hat sich die mittelalterliche Schichtengesellschaft in eine funktional-differenzierte gewandelt. Sie hat sich individualisiert. Für den einzelnen bedeutet dies, er trägt jetzt selbst die Verantwortung für seine Kleidung. Entsprechend rigide ist der Druck, den der Einzelne nun auf sich selbst ausübt, möglichst individuell gekleidet zu sein. Man muss Zeit in seinen persönlichen Stil investieren. Also bewirtschaftet man sich selbst und sucht die optimale Mischung zwischen Aufwand und Aufmerksamkeit. Dabei werden die Grundfunktionen von Kleidung nicht selten in den Hintergrund gerückt, nämlich zu schützen, zu wärmen und dabei der Bewegung nicht allzu hinderlich zu sein. Die Selbstdisziplinierung führt nämlich über Schmerz, den man sich selbst zuzufügen bereit ist. Jeder kennt das Sprichwort: Wer schön sein will, muss leiden. Den Urlaub unterscheidet nun eben vom Alltag, dass dort weniger Zwänge herrschen. Dies betrifft eben auch die Kleidung, die im Urlaub einfach nur bequem sein muss. Inzwischen gehört wohl auch zum Urlaubsgefühl, mit Shorts und Tank-Top umherzuschlendern oder sich

wild bedruckte Shirts mit den jeweiligen Urlaubsorten zu kaufen. Zu Hause haben diese dann zudem auch noch die Funktion eines Erinnerungsstücks.
Sobald man also im Urlaub in Verdacht gerät, nur auf der faulen Haut zu liegen, herrscht Rechtfertigungsdruck. Allerdings muss mitbedacht werden, dass es durch den Einfluss des Protestantismus auf unsere Freizeitgestaltung nicht gern gesehen wird, nichts zu tun. Eigentlich soll man nur Dinge tun, die der Erbauung oder der Belehrung dienen. Der Protestantismus verabscheut unnütze Dinge wie das Nichtstun. Aus diesem Grund wird Urlaub unter anderem als Lernexpedition verstanden unter dem allseits bekannten Motto: „Land und Leute kennenlernen". Der Ursprung des Urlaubs liegt in der adligen Bildungsreise. Dieser Reisebegriff wurde nun vom Bürgertum übernommen. In der Romantik kam noch die Aufwertung der Natur hinzu und voilà: Hier ist der moderne akzeptierte Urlaub. Ich muss meine Auszeit legitimieren, indem ich Kirchen, Grotten oder Bäume ansehe. Dabei muss man nur einmal darauf achten, in wie vielen Urlaubszielen Bäume als Sehenswürdigkeit angepriesen werden. Es ist ein Eingeständnis von Kulturlosigkeit, wenn man ein massenhaft vorkommendes Ding wie einen Baum zur Sehenswürdigkeit erklärt und dann mit dem Bus hingekarrt wird. Im Übrigen ist gar nicht geklärt, ob die Einwohner überhaupt kennengelernt werden wollen.

Junggesellenabschied

Der Junggesellenabschied gehört, wie viele andere Rituale, zu den Hochzeitsbräuchen. Hier in der Gegend ist etwa das „Kränzeln," bei dem der Brautkranz geflochten wird, noch beliebt. Bekannt sind diese Rituale mit dem Brautschuh oder dem Strumpfband und natürlich das Reiswerfen. Der Junggesellenabschied ist ein Abschied vom Singledasein. Dahinter steckt aber auch ein Ritual, das eben einen Eintritt in eine andere soziale Gruppe bedeutet. Ein Ritual wie die Hochzeit besteht immer aus verschiedenen Phasen. Der Vorbereitung, etwa dem Abschiednehmen von Freunden, dem Fest und die Erlangung einer neuen sozialen Rolle. Diese ist, so antiquiert das noch klingt, beispielsweise in unserer Steuergesetzgebung noch präsent. Der Junggesellenabschied findet ein paar Tage vor der eigentlichen Hochzeit statt. Er darf nicht mit dem Polterabend verwechselt werden. Beim Junggesellenabschied treffen sich die Freunde des Bräutigams, häufig gibt es auch ein Pendant für die Braut, das im angelsächsischen Hens-Party, Hühner-Party genannt wird.

Man feiert nochmal und versucht einen drauf zu machen. Häufig trägt man Motto-T-Shirts und der Bräutigam muss die ganze Gruppe aushalten, indem er bestimmte lustige Aufgaben erfüllen muss. Beliebt ist etwa der Bauchladen, in dem allerlei mehr oder weniger brauchbare Dinge sind. Diese muss der Bräutigam nun an fremde Passanten verkaufen, um so die Zeche der Gruppe zu bezahlen. Natürlich kommt es dabei auch immer zu scherzhaften Gesprächen. Insgesamt soll dieser Brauch einen Abschied von Freiheit des Singleseins darstellen. Früher war es einfach ein Besäufnis, entweder in der Wohnung eines der Freunde oder in der Stammkneipe. Manchmal zog man mit einem Leiterwagen, auf dem ein paar Kästen Bier standen, durch die Gegend.

Jetzt sind die Partys auch unter dem Eindruck der angelsächsischen Tradition der Bachelor Party beziehungsweise der Stag Party stärker verspielt und erotisiert. Viele Gruppen fahren in einen Kurzurlaub etwa nach Playa de Palma an den Ballermann, nach Ibiza oder an die Costa Calma. Dort erkennt man die Gruppen woran? Genau, an den Motto T-Shirts. Und insgesamt wird dieses Ereignis immer stärker professionalisiert. Damit der Abschied ja auch kein Fiasko wird, das man dann hinterher zwanghaft verklären muss, gibt es spezielle Anbieter, die solche Abschiede mit Erlebnisgarantie anbieten.

Der Junggesellenabschied ist in erster Linie für die Gäste des Bräutigams. Vordergründig natürlich, um ihm nochmal all die Dinge zu zeigen, die er jetzt nicht mehr darf. Gleichzeitig sorgt die Gruppe für eine Kontrolle. Aber der eigentliche Grund ist, dass der Bräutigam für die Gäste als Katalysator dient, um mit anderen Personen, mit anderen Frauen ins Gespräch zu kommen. So können diese unter dem Vorwand des Junggesellenabschieds heftig flirten, ohne dass es peinlich wird und hinzukommt, dass der Bräutigam als Konkurrenz um die Gunst auch noch ganz sichtbar ausgemerzt ist. Die Spiele dienen dabei einerseits der Unterhaltung der Gäste unter dem Vorwand, dass der Bräutigam noch einmal die wilde Seite kennen lernt. Davon gibt es eine ganze Reihe. Ein beliebtes Motiv, das gerne erwähnt wird ist die Stripperin bzw. der Stripper, aber diese Art der Sexualität unterliegt sehr strengen Konventionen. Stripper ja, Bordell Nein.

Aber es gibt auch individuell ausgedachte Rituale, etwa dass man den Bräutigam an einen Laternenmast festkettet und ihn zwingt das Geld zu erbetteln. Beliebt ist auch, die Kleidung stückchenweise oder wertlose Dinge aus einem Bauchladen zu verkaufen. Dies ist ein spielerisches Einüben in eine männliche Versorgerrolle, die sich inzwischen zwar fast vollkommen aufgelöst hat, aber hier nochmal als Reflex auf die Modernisierung inszeniert wird. Der Mann hat jetzt die Verantwortung für die ganze Sippe, er muss sein letztes Hemd geben und seine Familie durchbringen, er darf nicht mal davor zurückschrecken, sich lächerlich zu machen. Das wird in diesen Spielen probeweise durchexerziert.

Lunch-Beat

Aus Skandinavien schwappt ein neuer Trend nach Deutschland „Lunch-Beats". Feiern in der Mittagspause. Ohne Alkohol, ohne Drogen, aber auch ohne Gespräche über den Job. Nach einer Stunde ist die Auszeit vorbei und die Teilnehmer gehen entspannt zurück zu ihrer Arbeit. Die Party, gerade der Lunch-Beat, ist ein Event und steht damit im Trend der Eventisierung. Immer mehr alltägliche Dinge werden zu einem Erlebnis umgewidmet. Damit wird auch aus dem Außeralltäglichen eine sehr alltägliche Veranstaltung, die damit auch nichts Besonderes mehr ist. Es ist eine Art Erlebnisinflation. Wobei das Bedürfnis, das einem Event zugrunde liegt, nämlich einzigartige Erlebnisse zu erleben, nicht gestillt wird, sondern der Hunger nach diesem Erlebnis bestehen bleibt, ja, sogar noch zunimmt. Ein Erlebnis ist die Erfahrung des Außeralltäglichen. Eines Zustandes, in dem der Mensch mit seiner Umwelt eins wird. Ein Zustand, in dem Zeit keine Rolle mehr spielt und damit Ängste und Sorgen aufgehoben sind. Eine Feier bzw. ein Fest ist immer eine Auszeit vom Alltag. Anders der Lunch-Beat. Dieser ist ein Sinnbild für die neoliberale Maxime der Fitness. Nämlich, dass ich dafür Sorge zu tragen habe, dass ich meinen Körper für die Gesellschaft oder zugespitzt für die Arbeitswelt fit zu halten habe. Der Körper ist in diesem Diskurs kein Privatvergnügen, sondern öffentliches Eigentum.
Das Konzept einer regenerativen Party kann funktionieren, es steht ja in der Tradition, dass Freizeit dazu dienen soll, die Arbeitskraft wiederherzustellen. Alle Zeit über diese regenerative Zeit hinaus wird als Verschwendung verteufelt. Das ist das Konzept des protestantischen Arbeitsbegriffs und Skandinavien hat ja bekanntermaßen eine lange protestantische Tradition. Wir können konstatieren, dass es sich beim Lunch-Beat weniger um ein Fest im eigentlichen Sinne, sondern vielmehr um eine Feier handelt. Die Funktionen dieser beiden Phänomene unterscheiden sich auch sozial. So versichert sich in einem Fest eine Gemeinschaft sich ihrer selbst, wohingegen in einer Feier sich eine Gesellschaft ihrer selbst versichert. Ein Fest ist freier und exzessiver, eine Feier hingegen hat klare Regeln. Denken wir etwa an eine Eucharistiefeier oder an den Nationalfeiertag. Ähnlich wird dies ja auch bei einem Lunch-Beat durch die Regeln festgelegt, die ja im Übrigen dezidiert, all die Medien, die zu einem Fest gehören, wie etwa Alkohol oder möglicherweise andere Rauschmittel, ausschließen. Auch das Essen soll nicht zur Völlerei werden, vielmehr erleben wir hier eine Form der Selbstdisziplin, die mit einem Beat unterlegt wird. Wenn man so will: Zumba-Fitness mit vollem Mund.

Holi-Festival

Eine Komplementärveranstaltung sind die aktuell sehr populären Holi-Festivals. Es ist ein Trend, der die letzten Jahr Deutschland überzieht. Bei diesen Festen tanzen die Besucher zu elektronischer Musik und bewerfen sich in bestimmten Intervallen gegenseitig mit buntem Pulver. Ganz unmittelbar ist die Poesie der Farben, die in die Luft geworfen werden, sich vermischen und vom Wind davon getragen werden. Das Holi-Fest ist eine Art Nachwehe des Techno. Dieser hatte ja immer auch eine Hippie-Attitüde eines friedlichen Zusammenlebens. Diese Stimmung von Love, Peace and Happiness wird nun von den Kindern der Hippieeltern neu entdeckt. Der Ursprung des Holi-Festes liegt in Indien. Es wird sogar behauptet, dass es eines der ältesten Feste überhaupt ist. Dieser religiöse Farbrausch, wenn auch profanisiert, verweist immer noch auf eine andere Seite unserer Wirklichkeit. Die Drogenaffinität der Hippies ist ja bekannt. Ebenso die Nähe des Techno zu den Drogen. Beide Bewegungen waren an bestimmten Formen der Selbstversenkung interessiert. Daher zitierte Techno auch häufig Symbole der Hippiekultur. Durch die Monotonie der Beats konnten sich die Technojünger, ein Begriff im Übrigen, der für andere Subkulturen nicht so geläufig ist, in eine Art Trance eingrooven. Diese Form der Selbstversenkung ist nun die aktuelle Verbindung von Techno, Hippietum und indischer Kultur.

Was nun vielen nicht so bewusst ist ist, dass Techno nicht nur aus Musik, Tanz und Drogen bestand, sondern immer auch stark auf optische Reize Bezug nahm. Als der Techno aufkam, waren auch Mindmachines in. Dies waren Apparate, die auf die Augen gesetzt wurden und mit Lichtreizen eine Art optische Droge waren. Die Buntheit ist ein wichtiges Element dieser Events. Aldous Huxley spricht in den Doors of Perception von der Farbigkeit der Kirchen, die gerade durch die Buntheit eine Vorstellung vom Paradies vermittelten. Diese Buntheit wurde nun in den sechziger Jahre durch den Gebrauch psychodelischer Drogen neu entdeckt und diese Farbbegeisterung wird nun bei den Holifestivals wieder aktuell. Es ist eine Art paradiesischer Farbenrausch. Das, was der Festivalbesucher erlebt, ist ein glücklicher, friedlicher Moment des Miteinanders, das Aufgehen in einer Gemeinschaft. Das eigene Ich wird für einen kurzen Moment vergessen und man ist mit den anderen eins. Diese Art der Grenzüberschreitung ist nun einer der Gründe für die Beliebtheit dieser Feste. Das vereinzelte Subjekt der Spätmoderne sehnt sich für einen Moment nach Gemeinschaft. Aus dem neoliberalen Ich wird für einen kurzen Moment ein Wir. Natürlich greifen hier massenpsychologische Mechanismen, um dieses Wir zu erzeugen, dafür aber entscheidend ist, dass dieses Wir kein gewalttätiges ist, sondern ein friedliches. Genau dies wird durch die Kräuter so wunderbar symbolisiert, die bei dem beim ursprünglichen indischen Fest gemahlene Heilkräuter waren. Man wünscht sich gegenseitig also: Alles Gute!

Shitstorm

Plötzlich ist er da und für die Betroffenen eine Katastrophe. Aus den Tiefen des Internets entwickelt sich eine unheimliche Dynamik der Beschimpfungen und Beleidigungen. Ein Shitstorm ist ein Internetphänomen. Es scheint irritierend zu sein, ein virtuelles Phänomen zu den Festen zu zählen und doch finden sich dort einige Merkmale, die zeigen, dass bestimmte gruppendynamische Prozesse, die in Festen ihren traditionellen Ort haben, nun im Internet eine neue Heimat finden. Shitstorm ist ein Anglizismus und wird im Englischen als Flame-War bezeichnet. Bei einem Shitstorm entsteht ein Sturm der Entrüstung oder Empörung. Dabei bleibt es nicht nur bei wenigen negativen Kommentaren, sondern die Entrüstung greift um sich, so dass dieser Shitstorm über einen längeren Zeitraum geht und eine Vielzahl von Beteiligten umfasst. Auslöser können ungeschickte Äußerungen sein, die dann dazu führen, dass sich die Empörung über die sozialen Netzwerke verbreitet und immer mehr Teilnehmer eingreifen. Elias Canetti beschrieb solch einen Prozess in Masse und Macht. Die Masse ist anfangs ruhig, plötzlich wie auf ein geheimes Kommando beginnt sie sich zusammenzuballen, sie wächst kontinuierlich an. Diese Masse kann auch kaum gesteuert werden und letztlich führt dieses Anwachsen zur Explosion, die Masse eskaliert. Dieser Vorgang lässt sich sehr gut für das Internet beschreiben. Der Masse geht es weniger um die Gründe, als vielmehr um ihre Eigendynamik. Was passiert, ist, dass auch anfangs unbeteiligte in diesen Strudel wie in einen Rausch hineingezogen werden und sich beteiligen. Was ja auch gerade bei den sozialen Medien im Unterschied zu den alten Massenmedien sehr einfach ist. Mit dem Internet ist es sehr leicht geworden, selbst Produzent von Öffentlichkeit zu werden, die sozialen Medien sind dabei noch ein zusätzlicher Katalysator. Dabei kommt auch dem Einzelnen zugute, dass er auf den ersten Blick anonym ist, er ist maskiert und nur schwer greifbar. Gerade hinter einer Maske lässt sich das sadistisch-triebhafte Moment regressiv ausleben. Es verschafft Lust, sich dieser Aggression hinzugeben und für einen Moment die kontrollierte Distanz zu sich selbst aufzugeben.

Wie sich diese Triebe äußern, dazu finden sich Anleihen bei den Todsünden: Eitelkeit, Neid, Feigheit, Wut und Selbstsucht, gut die letzte Todsünde, die Habgier, spielt wohl keine große Rolle. Dies sind aber nur die Symptome, die Ursache liegt in dem regressiven Element. Nehmen wir die Eitelkeit. Bei vielen Artikeln fällt es auf, dass in den Kommentaren unverhältnismäßig kritisiert wird. Abgesehen von der ständigen Frage nach Relevanz, taucht auch immer ein Moment der Besserwisserei auf. Es ist eine Kränkung, dass jemand anders in dem Haupttext auftaucht als man selbst. Eigentlich kann ein Shitstorm aus allem möglichen entstehen. Es geht weniger um den konkreten Anlass, als vielmehr um die Dynamik. Die Aufhebung bestimmter Normen durch die Anonymität lässt das triebhafte Verlangen leichter ausleben und gerade in einer Gemeinschaft entsteht so eine lustvolle Masse. Der Einzelne überschreitet seine Ich-Grenzen und wird zu seinem triebhaften Wir. Dies ist die Beschreibung für Mob. Dies soll aber gar nicht so kritisch wirken, der Mensch benötigt dieses Ausleben seiner Naturhaftigkeit. Er nähert sich seinem Ursprung an, der sofortige Lusterfüllung verspricht. Die Kultur stellt verschiedene Medien bereit, um dies zu leisten, dies sind die verschiedenen Formen, ekstatische Zustände zu erleben. Es wundert vielleicht, dass der Shitstorn in die Gruppe der Feste eingereiht wird. Aber er gleicht diesen, als Möglichkeit des Erlebnisses einer Außeralltäglichkeit. Nur ist das Medium die Kommunikation und die Gemeinschaft ist eine virtuelle. Man kann das Kommentieren als Rausch beschreiben und so ist der Shitstorm ein Blutrausch und führt zu einem virtuellen Schlachtfest.

SEISMOGRAPHEN

Diese außeralltäglichen Orte, die den Alltagswelten so komplementär gegenüberstehen, nehmen häufig direkt Bezug auf den menschlichen Körper. Der Körper wird zu einer Instanz, die mittels der Wirklichkeit als real erspürt werden kann. Es gibt jedoch auch körperlose Scheinwelten. Viele der Dinge, die wir der Kunst zurechnen, sind körperlos. Malerei, Musik, Schreiben, Lesen und unter diesen medialen Wurmlöchern sind Film und Fernsehen die dominantesten. Und natürlich können diese Medien auch zu körperlichen Sensationen führen. Berührt uns ein Film, ist er aufregend, dann reagieren wir auch körperlich.

Was aber diese außeralltäglichen Welten, von den traditionellen Orten des Außer-Sich-Seins unterscheidet ist, dass sie in viel stärkerem Maße bereits durch eine symbolische Ordnung strukturiert sind. Ist das direkte Erleben des Realen ein Trauma, das in eine Struktur überführt wird, ist Kultur bereits strukturiert. Dieses Reale ist so überwältigend, dass es als traumatisch empfunden wird. Es wird, damit es bewältigt werden kann, in eine symbolische Ordnung überführt. Dies ist der Prozess, der Kultur genannt wird.

Allerdings distanziert nun die Kultur den Einzelnen von seiner naturhaften Verfasstheit. Nun scheint es ein Bedürfnis zu sein, sich dieser Unmittelbarkeit zu exponieren, denn nur in dieser Exposition lässt sich Wirklichkeit erfahren. Insofern ist die medial vermittelte Wirklichkeit mehr als nur eine symbolische, sondern auch eine Erfahrung des Realen. Nur blickt man wie durch einen Filter auf das Reale, das nun nicht mehr überwältigend ist, sondern bereits bewältigt ist. Das Reale ist wie in ein Netz, ein Netz aus Sinn eingewoben. Dieses Netz aus Sinn ist, und das trifft für jedes Medium zu, eine Erzählung. Das Reale wird eingewebt wie in einen Kokon, und um das Reale herum wird eine Erzählung gesponnen. Natürlich ist es auch denkbar das Reale auszuwickeln und das können auch manche Objekte leisten, als dass sie den Rezipienten in die Unmittelbarkeit entführen. Was aber darüber hinaus übrig bleibt ist der Seidenfaden, eine Art Ariadnefaden, der nun Auskunft darüber gibt, in welche Struktur dieses Reale eingebettet war.

Wunderbar um diese symbolischen Ordnungen aufzuzeigen eignen sich Fernsehformate als massenmediales Phänomen. Es ist eine Kultur, die uns täglich umgibt, sie ist häufig so alltäglich, dass wir uns nicht den Gedanken machen, was uns daran fesselt, warum wir bei diesem Programm hängen bleiben.

Die Verlockungsprämie dieser Programme ist, dass sie mit bestimmten Attraktoren unsere Aufmerksamkeit fesseln, um uns für einen kurzen Moment in eine Außeralltäglichkeit zu entführen.
Fernsehen beschäftigt unsere Aufmerksamkeit, um unsere Reflexivität auszuschalten. Genau das ist es, was für den Zuschauer am Fernsehen so reizvoll ist. Für einen kurzen Moment abschalten und an nichts mehr denken.

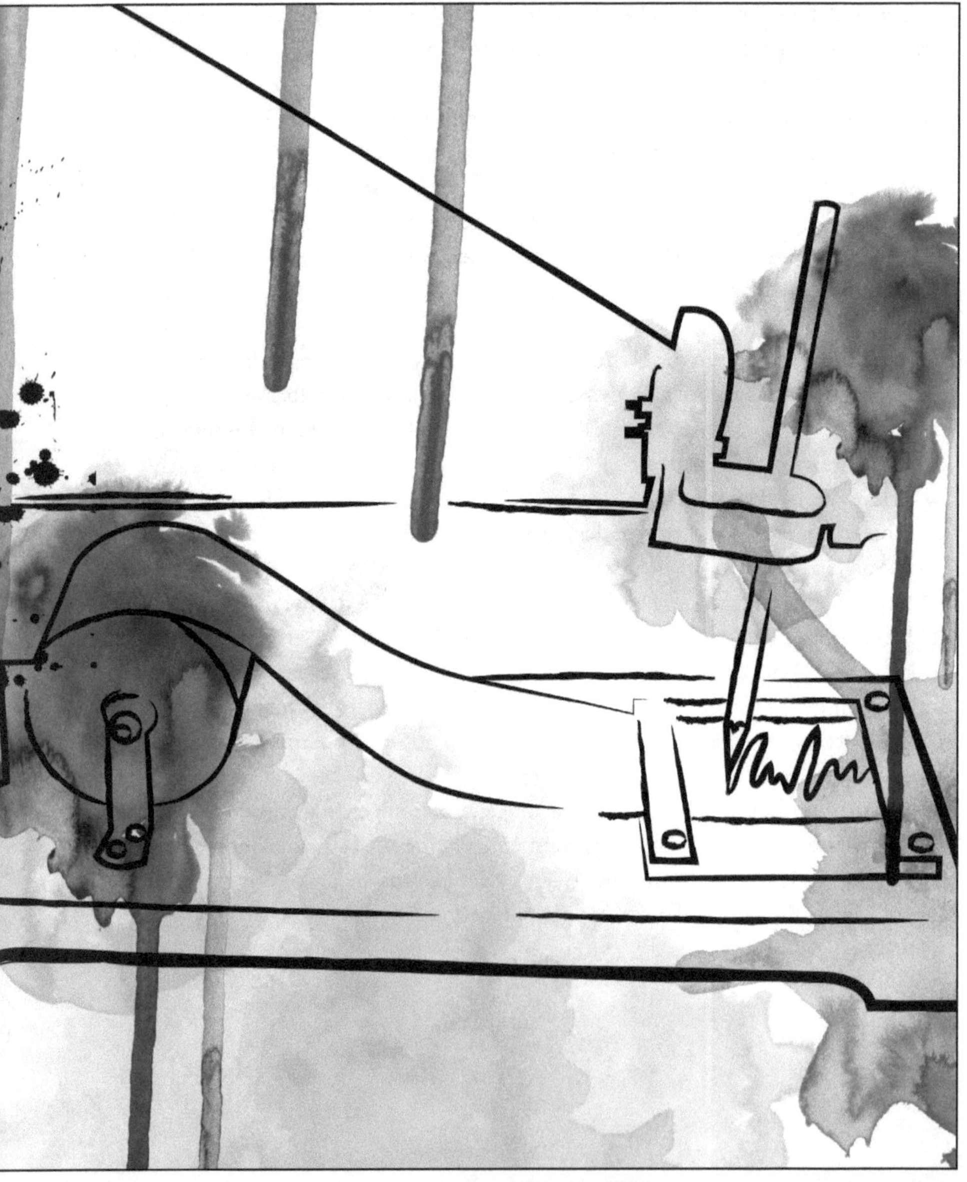

Ice Bucket Challenge

Es war der Medienhype im Sommer 2014 schlechthin. Die Ice Bucket Challenge. Dabei schüttete man sich einen Eimer über den Kopf und nominierte anschließend andere Personen, die das gleich tun sollten, oder 100 $ an eine gemeinnützige Organisation spenden, die sich des Themas ALS angenommen hatte, einer Erkrankung des Nervensystems, die amyotrophe Lateralsklerose. Die Ice Bucket Challenge war die erste Spendenkampagne, die von der breiten Bevölkerung aufgegriffen und nicht nur wahrgenommen wurde. Das liegt daran, dass es sich um ein Anliegen handelte, hinter das sich jeder sowohl überparteilich, als auch überkonfessionell oder transnational mit gutem Gewissen stellen konnte. Was ist die Ice Bucket Challenge? Die Ice Bucket Challenge, bei der sich Personen einen Eimer Eiswasser über den Kopf gießen, kommt aus dem amerikanischen Raum, wo bei Siegen von großen Sportereignissen der Trainer mit einem großen Fass Eiswasser übergossen wird. Hier liegt sicherlich einer der Ursprünge. Was es nun so interessant macht ist, dass jeder der Teilnehmer vor dem Publikum eine Rolle einnimmt, die eben zeigt, dass man hinter dieser guten Sache steht. Dies zeigt sich auch daran, dass viele sowohl Eiswasser über sich ausgeschüttet haben und dennoch spendeten, was sie ja eigentlich aufgrund der Regeln gar nicht mehr gemusst hätten. Die Rolle heißt also: „Tue Gutes und rede darüber"-2.0. Die Spannung entsteht nun bei der Kollision von Rolle und Eiswasser, das nämlich in sich das Potential trägt, dass der Akteur aus seiner Rolle fällt und sich so zeigt, wie er wirklich ist, wenn er auf seine reine Körperlichkeit zurückgeworfen wird.

Die sozialen Netzwerke scheinen eine alte Utopie, die in der linken Kulturphilosophie beheimatet ist, Wirklichkeit werden zu lassen. Dass nämlich der Konsument zugleich ein Produzent ist. Das tückische daran ist nun, dass dieses Tun selbst wiederum den Prämissen der Profitmaximierung folgt. Für den einzelnen Teilnehmer ist die Teilnahme an der Ice Bucket Challenge eine Erfahrung in Selbstwirksamkeit. Man kann etwas tun und danach Leute auffordern, das gleiche zu tun und diese tun es. Es ist nicht die Gutmenschlichkeit, die so erfolgreich ist, sondern es ist die Inszenierung dieser Rolle. Dabei spielt auch die Inszenierung selbst eine große Rolle. Andere Versuche, einen Trend viral gehen zu lassen, sind gescheitert, wie etwa der Versuch indischer Politiker, ihr Volk zum Straßenkehren zu bewegen oder die Plagiate wie etwa in Zitronen beißen oder einen Kaktus zu essen. Aber diesen Kampagnen fehlt der Überraschungsmoment bzw. die entsprechende moralische Legitimation, hinter der man sich versammeln konnte, so dass diese Projekte nicht viral gingen, sondern versumpften.

The Biggest Looser

„Höher, weiter, schneller". Der stärkte Mann der Welt oder die dickste Frau der Welt würde heute wohl niemanden mehr locken. Die Jahrmärkte haben sich weiterentwickelt. Das erste Riesenrad wurde 1893, die erste Achterbahn wurde Anfang des 20. Jhds. aus Holz gebaut. Diese Attraktionen sind noch heute präsent. Verschwunden aber ist die Schaubude, warum? Die Antwort ist sehr einfach und in ihrer Einfachheit sehr komplex: Die Schaubude ist einfach nicht mehr zeitgemäß, aber verblüffenderweise gibt es noch heute fast alle Schaubudenattraktionen.

Von was sprechen wir, wenn wir von Schaubudenattraktionen sprechen? Da sind Zurschaustellungen von Menschen, die aus heutiger Sicht rassistisch und diskriminierend sind, die nicht mehr gewollt sind und uns daher so fremd erscheinen. Diese Schaubuden stillten das Bedürfnis der Schaulust. Der Vorwand war die Popularisierung der neuesten wissenschaftlichen Erkenntnisse. So wurde die Frage nach der Stellung des Menschen, die mit der darwinschen Evolutionstheorie aufkam, dahingehend beantwortet, dass es sogenannte „Missing Links" gibt, Menschen, die noch Zeichen des Tierseins tragen. Und so wurden Menschen mit Behinderungen als Löwenmenschen, Vogelmenschen oder Seehundmenschen ausgestellt. Allerdings sind diese Themen nicht verschwunden, nur heute finden wir die aufs spektakulär verkürzte Präsentation von Missbildungen im Vorabendprogramm. Genau wie die Schaubudenattraktionen der dicksten Frau, der größten Frau, der bärtigen Frau oder der tätowierten Frau. Die Verlockungsprämie, damit sich die Zuschauer, diesen Phantasien ohne Reue hingeben konnten, waren „wissenschaftliche" Erkenntnisse.

Allerdings hatten diese Ausstellungen immer auch einen sexistischen Aspekt. Diese Menschen wurden zum Objekt sexueller Spekulationen über ihre entsprechenden körperlichen Anlagen. Ein Aspekt, der im Übrigen auch für die Völkerschauen galt. Damit stehen diese Völkerschauen in Beziehung zu den anthropologischen Sendungen, die über fremde Völker berichten und münden letztlich in Formaten wie „Wild Girls – Auf High Heels durch Afrika". Die Inszenierung von Sexualität, wurde im Übrigen damals in den Varietés sehr viel direkter konsumiert und findet heute ihre Entsprechung in dem Nachtprogramm.

Eine andere beliebte Attraktion war das Panoptikum. Dort wurde medizinisches Wissen publikumswirksam skandalisiert und schauderhafte Wachspräparate gezeigt. Dieses Format wird heute nun in der Körperwelten-Ausstellung neu aufgelegt. Bei der Betrachtung der menschlichen Präparate, die im Übrigen auch wie damals durch eine mehr oder weniger seriöse wissenschaftliche Dokumentationen begleitet werden, kann so ein Eindruck von dem Jahrmarktspanoptikum von vor hundert Jahren vermittelt werden. Hier wie dort werden wissenschaftliche Erkenntnisse popularisiert und auf einen Effekt hin gesteigert, nämlich eben auf die Sensation, die durch eine pseudowissenschaftliche Erklärung abgesegnet wird.

Selbst die Fernsehberichte über technische Wunder finden ihre Vorläufer in den Schaubuden, in denen Erfindungen, wie der Elektrisierautomaten oder chemische Reaktionen gezeigt wurden.

Es zeigt sich, dass heute die gleichen Themen wie damals aktuell sind. Nur in einem anderen Medium, dem Fernsehen. Das Fernsehen hat die Schaubude abgelöst und um ihre Attraktionen beerbt. Wir finden für jede Schaubuden-Attraktion eine Entsprechung im Programmplan. Aus der dicksten Frau wurde „The Biggest Looser" und andere Formate in denen Übergewicht thematisiert wird. Tätowierungen sind heute nicht nur selbstverständlich in alle sozialen Schichten eingesickert, sondern haben mit „LA. Ink" sogar eigene Programmplätze. Im Vergleich zu diesen Formaten wirken Tierdokus und Berichte über ferne Kulturen schon altbacken. Der Umgang mit Behinderungen scheint heutzutage sensibler. Aber das sensationelle bei Berichten in den Vorabend-Journalen über das Leiden der von seltenen Krankheiten Betroffenen ist weiterhin präsent.

Was aber ist es, was die Menschen so an diesen Schaustellungen fasziniert? Es geht nicht allein nur um Schaulust, um Voyeurismus, wobei der auch eine große Rolle spielt. Es geht zugleich auch um die Sensation. Eine Sensation ist ein Gefühl, das den Betrachter körperlich, also unmittelbar irritiert und für einen kurzen Moment verunsichert. Das Ich des Rezipienten, des Zuschauers wird für einen Moment irritiert. Für einen gewohnten Moment wird die Sicherheit des Zuschauers erschüttert, aber nicht lange genug, um sie zum Einsturz zu bringen, sondern vielmehr ist es ein kontrollierter Kontrollverlust, der zu einer Katharsis führt. Denn durch diese Erschütterung versichert sich der Betrachter seiner eigenen Normalität.

Die Ziehung der Lottozahlen

Es gibt zwei Formen des Glückspiels, eines, das ganz zufällig Ergebnisse erzeugt, das Klassische hier ist das Lotto. Das andere sind die Sportwetten, hier spielt das Expertenwissen eine große Rolle, was durch die Quoten abgebildet wird. Beides sind aber nur unterschiedliche Ausprägungen einer besonderen Art von Spiel. Nämlich des Spiels mit dem Glück. Das Glücksspiel ist eine Schicksalsprobe. Eine ganz eindeutige Antwort auf die Frage, ob mir das Schicksal gewogen ist. Wenn man vom Glück ausgesucht wird, dann ist der emotionale Gewinn oft wichtiger als der finanzielle. Man will sich des Glückes versichern und hofft, dass es bei einem bleibt oder wiederkommt. Das Glück scheint seine eigene Magie zuhaben und wird auch gerne durch bestimmte Rituale beschworen, vom Pusten auf die Würfel bis zum Augenverschließen. Auch die Glückszahlen beim Lotto haben eine magische Bedeutung. Viele nehmen die Geburtsdaten ihrer Liebsten und dann hatte der Gewinn Beweiskraft, dass das Leben unter einem guten Omen steht. Damit werden diese Handlungen nicht beliebig und zufällig, sondern verleihen der Tat etwas auratisches. Und tatsächlich haben Forschungen gezeigt, dass Menschen ihre persönliche Chance höher einschätzen als die statistische. Eine Pechsträhne ist dann auch kein statistisches, sondern ein persönliches Problem. Es ist etwas, das an einem anhaftet und das man überwinden will.

Das geglückte Spiel wirkt im Gegenzug entlastend. Auf das Spiel bezogen heißt das, aus irgendwelchen Gründen gehe ich davon aus, dass eine bestimmte Zahl gezogen wird, wenn diese nun fällt, dann lag ich mit meiner Prognose richtig. Damit wird auch der Druck, der von einer potentiell offenen und damit unsicheren Zukunft ausgeht, gemindert. Noch deutlicher ist dies im Bereich der Sportwetten. Die Sportwetten sind eine Art Bestätigung des Expertenwissens. Ich weiß beispielsweise etwas über das Pferd oder die Mannschaft, was kein anderer weiß und dieses Wissen wird nun durch die Wette belohnt. Aber die Quote reguliert nun auch dieses Wissen wieder, so dass es am Schluss wieder auf das Glück hinausläuft. Das Glück will egalitär sein. Denn nur als unberechenbares kann es als Schicksalsprobe dienen. Am deutlichsten wird dies bei der Losbude auf dem Rummelplatz. Die Losbude ist solch eine Schicksalsprobe. Habe ich Glück, ist mir das Schicksal gewogen? Die Preise sind dabei eher nebensächlich, sie sind natürlich attraktiv, aber nutzlos. Die Funktion dieser Preise ist nicht, einen riesigen Bär zu besitzen, sondern in aller Öffentlichkeit zu demonstrieren: Schaut her, hier ist ein Glückpilz.

Drei Haselnüsse für Aschenbrödel

Weihnachten ist in einem Wechselspiel von Enttraditionalisierung und Retraditionalisierung eingebettet. Allerdings erhalten sich manche Facetten und verdauern sich. Ein wunderbares Beispiel sind die Fernsehprogramme, die zur Weihnachtszeit laufen. Dort laufen jedes Jahr die gleichen Filme wie etwa der „Grinch“, die „Griswolds“, „Der kleine Lord“ und natürlich „Drei Haselnüsse für Aschenbrödel“. Gerade bei diesen Film wundert es, dass er so fest zum Weihnachtsprogramm gehört, natürlich spielt der Film im Winter, natürlich ist es ein Märchen, aber eigentlich handelt er von der Sozialisierung einer Frau. Das Thema – und so ist der Film auch komponiert – ist ein Dreischritt. Man könnte sagen: verliebt, verlobt, verheiratet. Anfangs spielen Prinz und Aschenbrödel neckische Spiele, dann bekommt sie einen Ring bei der Jagd und zuletzt trägt sie ein Brautkleid. Psychologisiert man diese Rollen, dann ist es kindliche Liebe, jugendliche Liebe und erwachsene Liebe. So kann man auch das Rätsel von Aschenbrödel verstehen: „Die Wangen sind mit Asche beschmutzt, aber der Schornsteinfeger ist es nicht. Ein Hütchen mit Federn, die Armbrust über der Schulter, aber ein Jäger ist es nicht. Ein silbergewirktes Kleid mit Schleppe zum Ball, aber eine Prinzessin ist es nicht“. Das Kind wird symbolisiert durch den Schmutz, bei der Jugendlichen ist das Spiel verortet und die erwachsene Frau wird als Braut repräsentiert. Das sind die Rollen, die Aschenbrödel durchlebt. Das spannende ist, dass Aschenbrödel der aktive Part in der Beziehung ist. Der Prinz ist ja eher verspielt und weigert sich, in die Erwachsenenrolle überzutreten. Er wohnt ja auch noch Zuhause. Anders hingegen Aschenbrödel: Die erleben wir in einem Prozess des Erwachsenwerdens.

Wenn man sich von der psychologischen zu einer tiefenpsychologischen Deutung hinwendet, wird dies noch verdeutlicht. Dort tauchen hochpotente Symbole an zentraler Stelle auf, nämlich die Haselnüsse. Die Haselnüsse stehen für den Phallus. Man kann ja auch an die Eichel denken. Die Schuhe hingegen werden in der psychoanalytischen Literaturwissenschaft mit dem weiblichen Geschlecht in Beziehung gebracht. Wir haben es daher mit zwei unterschiedlichen Formen des Umgangs mit Sexualität zu tun. Aschenbrödel erhält ja drei Haselnüsse, was also für drei unterschiedliche sexuelle Erfahrungen steht. Einmal als Jugendliche im Spiel, einmal als Geliebte und einmal als Ehepartnerin und immer mit dem gleichen Mann. Die Schuhe hingegen kann man als Vagina deuten. Der König weist auch seinen Sohn darauf hin, dass er in einer Nacht drei Schuhe durchgetanzt hat. Also Sex mit drei verschiedenen Frauen hatte. Der Prinz macht sich nun mit dem Schuh, also mit seiner sexuellen Erfahrung auf die Suche, er probiert aus, bis er die Partnerin findet, die ihn sexuell befriedigt. Diese sexuellen Erfahrungen stehen nun im Kontext der verschiedenen Figuren. Einmal gibt es eine Reihe von Frauenfiguren. Böse Stiefmutter, gute Königin und die weise Eule Rosalie. Rosalie, die ein Andenken an Aschenbrödels verstorbene Mutter bewacht, spricht ihr auch zu, die Haselnüsse zu nutzen, also ihre Sexualität auszuleben. Die Vaterfiguren sind ähnlich. Einmal der König als sehr viriler Charakter, dann der Knecht Vinzek und der Hengst Nikolaus. Aber alles drei sexuell eher ungefährliche Charaktere. Das Spannende ist, dass Aschenbrödel einen Raubvogel, der für eine aggressive Sexualität steht, selbst erlegt. Also selbst zur Aktiven wird. Genau in diesem Kontext nutzt sie auch die Haselnüsse. Damit scheint „Drei Haselnüsse für Aschenbrödel" eine Parabel von der sexuellen Befreiung der Frau zu sein.

GNTM

Massenmedien, dazu zählt nun einmal das Fernsehen, aber auch das Internet, gehören zu unserer alltäglichen Umwelt und diese Umwelt wirkt prägend, als das wir uns in dieser Umwelt zu verorten suchen. Der Zynismus dieser Medien besteht ja nun darin, alles und jeden zur Ware zu machen. Die Verlockungsprämie dabei ist die Aufmerksamkeit, die man bekommt, aber auch die Aufmerksamkeit, die man beispielsweise in eine Suchanfrage investiert. Die Aktivistinnen von Femen haben ja bei ihrer Aktion auf die menschenverachtende Inszenierung von GNTM hingewiesen, wobei Frauen in dieser Sendung nicht nur als sexy Objekt, ein Begriff der in dieser Sendung geradezu inflationär gebraucht wird, sondern richtiggehend als Ware mit dem entsprechenden Abnehmermarkt konfektioniert werden. Dass die Teilnehmerinnen sich für diesen Markt entsprechend optimieren, ist allerdings kein singuläres Phänomen, sondern gilt gleichermaßen für Studierende, die im Rahmen des Bologna-Prozesses glauben, sich für den Markt fit zu machen. Das irritierende ist nun, dass diese Optimierung scheinbar selbstbestimmt stattfindet und von den Akteuren auch noch bejaht wird. Das neoliberale Subjekt reiht sich selbst im Verwertungsprozess ein.
„Germanys Next Topmodel“ oder „Der Bachelor“, immer mehr junge Frauen orientieren sich an dem scheinbar leichten Erfolg, den Schönheit verspricht. Diese Form der Selbstdarstellung ist auch ein Grund für den aktuellen Trend der Selfies. Die Selfies sind eine sehr schnelle und unkomplizierte Art der Selbstdarstellung. Erving Goffman stellte ja bezüglich der Rollen fest, dass wir alle immerzu und überall Theater spielen, natürlich in unterschiedlichen Rollen. Bei sozialen Netzwerken scheint es nun so zu sein, dass dort die Rollen, analog zu den Celebs, zu den Promis inszeniert werden. Lange stand ja der Vorwurf im Raum man würde Intimes in diesen Netzwerken preisgeben und jeder Personaler würde zuerst einmal den Bewerber googeln. Nun reagieren die User darauf und optimieren ihre Selbstdarstellung. Selbstverständlich kann jede Form der Exposition peinlich sein, aber solange man selbst die Aktive ist, oder den Glauben hat, der oder die Aktive zu sein, tritt die Pein zurück und man empfindet sich als Handelnde, also keineswegs als ohnmächtig. Das ist zeitgemäße Medienkompetenz. Auch kommt hinzu, dass die Funktion dieser Bilder in den Netzwerken, neben den Texten, eine symbolische Ordnung ist. Es ist die Geschichte meines Lebens, die ich schreibe. Nicht von ungefähr wurde ja auch Facebook vor einiger Zeit überarbeitet, so dass jetzt eine fortlaufende Autobiographie entsteht.
In der Soziologie spricht man von unterschiedlichen Kapitalarten. Bourdieu nennt ökonomisches, soziales und kulturelles Kapital. Aus diesen Formen kann man noch das symbolische Kapital, also etwa Schönheit und Aufmerksamkeit, was ein informelles Kapital ist, ableiten. Schönheit war ein verhältnismäßig machtloses Kapital, das dem Weiblichen zugeordnet war. Noch vor wenigen Jahren zeigten Zeitungsan-

noncen, dass eine Frau schön zu sein hatte, aber bitteschön den Mund halten solle. Der Wandel, weg von diesem Frauenbild, scheint durch diese Glamourfotos zurückgedreht zu werden, eine Art präemanzipatorische Romantik. Insofern akkumulieren hier Nutzerinnen dieses symbolische Kapital Schönheit, indem sie sich von ihren Freunden und Freundinnen bewerten lassen. Was oft auch zuckersüß geschieht. Aber so einfach ist das nicht. Die Schönheit wird durch die Klicks und Likes in Aufmerksamkeit transformiert. Man kann es auf die Formel bringen, Aufmerksamkeit ist Kapital. Insofern bewirtschaften die jungen Frauen das Kapital, das ihnen zur Verfügung steht. Sie handeln wie Markteilnehmerinnen und bemühen sich, den Ertrag zu optimieren und eventuell Gewinn daraus zu ziehen. Abwertend werden diese Akteurinnen als „Attention Whores" bezeichnet. Der Gegenspieler, den man dabei nicht außer Acht lassen darf, sind die Betreiber der Netzwerke, die die Aufmerksamkeit nun in ökonomisches Kapital verwandeln.

Aber der Trug ist eben, dass dieses Subjekt noch glaubt, die Spielregeln mitbestimmen zu können. Tatsächlich ist der Kapitalismus ein Moloch, ein Leviathan, der so unfassbar riesig ist, dass er jedes Vorstellungsvermögen sprengt und nun diese Subjekte so als Masse verwertet, wie ein Blauwal Plankton in riesigen Mengen in sich hineinsaugt. Wir erleben, wie bestimmte menschliche Qualitäten abgebaut werden, wie vor hundert Jahren Steinkohle. Es ist das symbolische und das kulturelle Kapital, das eine postindustrielle Gesellschaft abbaut und verwertet.

Expedition ins Tierreich

Unser Verständnis von Tieren ist ein kulturell geformtes. Natürlich hat man die Vermutung, dass die Biologie und insbesondere die Zoologie die Disziplinen sind, in denen sich die Wissenschaft mit den Tieren auseinandersetzt. Das ist auch richtig, allerdings sind Tiere mehr als nur eukaryotische Lebewesen. Denn unser Bild von diesen Tieren ist medial vermittelt. Tierdokumentationen im Fernsehen sind eher Popularisierungen von zoologischem Laienwissen. Aber was dort wunderbar aufgezeigt werden kann, ist welches Bild vom Tier vorherrscht. Anfangs war es noch eine lustige Analogie, wenn Tiere menschliches Verhalten zeigten. Aber schon im prä-telemedialen Zeitalter wurden Tiere popularisiert, so wurden im neunzehnten Jahrhundert Hunden oder Affen menschliche Verhaltensweisen antrainiert. Man denke hier nur an dem Begriff des „Affentheaters". Hier spielte aber eine wichtige Rolle, dass das Selbstbild des Menschen durch die Evolutionstheorie ins Wanken kam. Er fragte sich, was unterscheidet den Menschen vom Tier. Heutzutage findet dieser Diskurs sublimer statt. Die Wildnis wird erbarmungslos und aggressiv gezeigt. Fressen und gefressen werden. Dies ist der boulevardeske Pseudo-darwinismus. Dabei ist die Realität vermutlich eine ganz andere. Es passiert sehr wenig, wenn ein Raubtier gefressen hat, dann liegt es eine ganze Weile rum und ruht sich aus. Nur wenige, aber dafür ausgezeichnete Tierfilmer schaffen es, diesen unspektakulären Naturraum zu zeigen. Die Frage also, was ein Tier vom Menschen unterscheidet, ist für den Menschen von hoher Brisanz. Nimmt man die Fähigkeit des Menschen, ein Bewusstsein von sich selbst zu haben als Unterscheidung, dann steht man vor der Frage, ob die Tiere ein Bewusstsein, ja, ob sie eine Seele haben. Descartes hatte sich dieser Frage angenommen und sie in einer nachhaltig verstörenden Weise beantwortet. Er sagt, nein, Tiere haben keine Seele, weil sie letztlich keine Vorstellung vom Schmerz haben. Descartes sagt Nein, aber was er damit meint ist, dass Tiere keine Vorstellung vom Schmerz haben. Schmerz verspüren sie, das ist ja offensichtlich. Aber sie haben keine projektive Vorstellung davon, dass eine Zahnbehandlung anstehen kann und diese dann schmerzhaft sein könnte. Insgesamt zeichnet es ja den Menschen gegenüber den Tieren aus, dass er ein reflexives Bewusstsein hat. Dies zusammen mit seiner Weltoffenheit zeichnet ihn gegenüber den meisten Tieren aus, die ja Spezialisten sind und beispielsweise Experten darin, eine besondere Nahrungsquelle auszubeuten. Es gibt allerdings auch Experimente mit Tieren, besonders mit Menschenaffen, die zeigen, dass auch hier Ansätze für ein reflexives Bewusstsein vorhanden sein können. Das Bewusstsein von sich selbst ist das, was den Menschen auszeichnet und ihn das vollbringen lässt, was ihn von allen anderen Tieren auszeichnet, er ist Kultur schaffend. Diese Kultur ist erstmal völlig neutral. Es ist eine Form seine Existenz zu bewältigen. Deshalb gehören zur Kultur nicht nur die schönen Künste, sondern auch die Dinge, auf die wir nicht so stolz sind, wie etwa Kriege. Diese Kultur ist es auch, die unsere Gesellschaftsformen durchdringen, sei es in Form von Normen oder Gesetzen, die die Herrschaftsverhältnisse bestimmen.

Die Trennung zwischen Tier und Menschen ist nicht so einfach. Wenn wir das reflexive Bewusstsein und die Fähigkeit, Kultur zu schaffen als spezifisch menschlich auffassen, dann gibt es keine Schnittstelle, sondern der Übergang ist fließend. Natürlich ist die Setzung das reflexive Bewusstsein als originär menschlich zu betrachten, selbst eine Setzung. Es zeigt sich also, dass die Unterscheidung zwischen Tier und Mensch eine willkürliche ist. Man könnte auch andere Merkmale herausgreifen und dann würde sich ein anderes Verhältnis ergeben. Unser heutiges Verhältnis ist eines, dem eine bestimmte Herrschaftsstruktur innewohnt. Würden wir die Differenzen an einer anderen Stelle anlegen, dann würde vielleicht auch diese Herrschaftsstruktur so nicht existieren.

Mag die spontane Unterscheidung Mensch hier und Tier dort im Falle eines Goldhamsters noch vertraut sein, so wird man beim Menschenaffen schon unsicher und gerät bei der Frage, was Neandertaler sind, schon ins Schwimmen. Gut, der Neandertaler ist ausgestorben, das macht ihn für Spekulation so geeignet. Wenn der Urmensch den Neandertaler als Tier betrachtete, wie einen Affen, dann war er einfach eine Nahrungsquelle und er wurde gejagt und aufgegessen. Betrachtete der Homo sapiens den Neandertaler als seinesgleichen, dann könnten sie in Austausch getreten sein, vielleicht haben sie sich sogar gepaart. Im Moment scheint man der Auffassung zu sein, dass sich Neandertaler-DNA in unserem Erbgut befindet. Zieht man also das Verhältnis von Homo sapiens zu Homo neanderthalensis als Vergleich heran, dann zeigt sich, dass die Grenze zwischen Mensch und Tier flexibel ist und kulturell geprägt wird.

Damit kommen wir nun über die Kulturtechniken und damit letztlich über die Herrschaftstechniken zu einem soziologischen Tierbegriff. Das Verhältnis vom Menschen zum Tier ist ein Herrschaftsverhältnis. Der Mensch bewirtschaftet das Tier. Er hält es, zieht es auf, schlachtet es und ernährt sich davon. Aber der Mensch dressiert auch das Tier, er akzeptiert es als Gefährten, als Haustier. Mit Ende einer Agrarwirtschaft, durch eine Industriegesellschaft und deren Ablösung durch eine Informationsgesellschaft verändert sich auch das Bild vom Tier. Es gehört nicht mehr als Ding zum Alltag, sondern es wird etwas Außergewöhnliches. Haustiere haben eigentlich nur die Aufgabe, ihren Besitzern Freude zu machen, dies sagt ja auch die Katze bei „Ein Schweinchen namens Babe“. Manche Menschen ernähren ihre Tiere besser als sich selbst und so wird das Tier Menschenersatz.

Auch das Haustierverhältnis ist ein Herrschaftsverhältnis. Menschenrechte für Tiere bedeutet, dass dem Tier seine Würde nicht genommen werden soll und dass seine körperliche Integrität gewahrt werden muss. Noch deutlicher wird dies bei den Nutztieren. Der Tod ist die ultimative Machtdemonstration und das Verspeisen die völlige Vernichtung. Allerdings sind diese Überlegungen wiederum aus einer menschlichen Ethik heraus gefolgert. Dass ein Raubtier tötet, steht dort nicht im Widerspruch, aber es kann ein Widerspruch werden, wenn die Hauskatze eines Vegetarierhaushalts Fleisch frisst.

Die Küchenschlacht

Wenn man sich fragt, warum Kochsendungen so beliebt sind, dann stellt man fest, dass Kochsendungen eigentlich schon seit den Anfängen des Fernsehens beliebt sind. Der Toast-Hawaii ist ein Produkt des ersten Fernsehkochs Clemens Wilmenrod. In den neunziger Jahren machte Alfred Biolek dann das gemeinsame Kochen als Talkformat populär und was jetzt ist, sind zum einem Dokuformate, bei denen Gaststätten gecoacht werden und natürlich Kochsendungen mit einem Wettbewerbscharakter. Es ist auffällig wenn man eine klassische Kochsendung sieht, dass sehr wenig Action stattfindet. Es ist ein sehr kontemplatives Zusehen, wie jemand arbeitet. Es scheint etwas sehr entspannendes darin zu liegen, jemand anderem beim Arbeiten zuzusehen. Dies kann man ja auch bei Großbaustellen beobachten, wo sich immer gerne Zuschauer einfinden. Betrachtet man die Fernsehformate im Kontext ihrer Zeit, so wurden diese mit der Industrialisierung populär. Sie brachten nicht nur Veränderungen in den Geschlechterrollen mit sich, als die Frau berufstätig wurde und nicht mehr nur für den Haushalt und die Erziehung zuständig war. Zum anderen aber wurden nun Nahrungsmittel industriell erzeugt. Elektrischer Herd, Kühltruhe, Mikrowelle, dies brachte eine Veränderung des Essens hin zu Convinience Food mit sich, dessen Ikone die Tiefkühlpizza ist. Ein Produkt, das mit einer Restaurantpizza nicht mehr viel gemein hat, aber wohl Einfluss darauf hat, was wir heute von einer Restaurantpizza erwarten. Man kann sagen, dass sich der Einzelne von seinen Nahrungsmittel und deren Zubereitung entfremdet hat. In einer Art Reflex wird nun das Handwerkliche wieder aufgewertet und es wird geschmacklichen Feinheiten Raum eingeräumt, den diese Lebensmittel vor der Industrialisierung vermutlich gar nicht hatten.

Das Kochen in diesen Shows korrespondiert zudem auch mit sozialen Schichten. Es gehört zur Selbstbeschreibung der Mittelschicht, sich die Attitüde eines Gourmets zuzulegen. Fast Food gilt vor diesem Hintergrund als Unterschichtnahrung, wohingegen das vorgeblich gesunde und wertvolle Slow Food nun genau von den Schichten konsumiert wird, die sich von der Unterschicht abgrenzen wollen. Inszeniert wird dieses bewusste und handwerklich ausgereifte Kochen aktuell einerseits durch Fernsehformate, in denen Restauranttester, Köchen, die sich allein auf Convinience Food verlassen, beibringen, wie man eine Salatsoße selbst herstellt. Diese Formate sind ja in ein Soap ähnliches Format gescriptet und folgen immer einer ähnlichen Dramaturgie. Die dreckige Küche, der schlecht laufende Laden, die überforderte Wirtin, der eigensinnige Koch, die überladene Speisekarte. Es ist eigentlich Genrekino. Für den Zuschauer hat dieses Format weniger den Reiz wegen des Kochens, das Essen dient hier eher einer Art Verlockungsprämie, sondern mehr dem Reiz des in-die-Küche-schauens und des wohligen Schauderns, dass es dort wirklich so schlimm aussieht wie man sich das in den wildesten Träumen ausgemalt hat. Ein anderes populäres Format sind die Kochcompetitions. Hier spielt das Handwerkliche eine große Rolle, verbunden mit der öffentlichen Inszenierung. Die Gerichte, die gekocht werden, werden vermutlich nie in der Realität den Gästen dargeboten. Abgesehen davon, dass die Gerichte häufig völlig unrealistischen Aufwand bedeuten würden, haben wir es bei Kleinfamilien und Singlehaushalten eher selten mit dem Erlebnis eines gemeinsamen Mahls zu tun. Die Protagonisten haben daher auch gar nicht die Übung und vor allem, wenn ihr Gericht gut ist, kein Publikum, das ihnen die Anerkennung zollt, die solch ein Gericht verdient. Genau das leistet hier das Studiopublikum und der Zuschauer.

Shooter

„Shooter“, ist ein Film mit Mark Wahlberg aus dem Jahr 2007. Ein Scharfschütze wird Opfer eines Komplotts der US-Regierung, er wird zu Unrecht verfolgt und obwohl alles für seine Unschuld spricht, werden die wahren Schuldigen vom System geschützt. Nachdem sich das Rechtssystem als machtlos erwiesen hat, tötet er die Verschwörer, um so wieder Gerechtigkeit walten zu lassen. Es ist ein eigenes Genre. Filme in denen der Protagonist das ihm zugefügte Unrecht rächt. Warum ist das Thema, das „Recht in eigene Hände“ zu nehmen in Filmen so beliebt? Der Staat – so die Idealvorstellung – bekommt das Gewaltmonopol verliehen und schützt im Gegenzug seine Bürger. Was aber, wenn der Staat irrt. An diesem Thema stoßen zwei Bereiche der gesellschaftlichen Plattentektonik zusammen. Einerseits der Mensch als Individuum, andererseits der Mensch als gesellschaftliches Wesen. Aus diesen Überlegungen sind letztlich ja auch die zwei politischen Lager entstanden, die man mit dem Zusammenbruch des Ostblocks zu überwinden glaubte. Aber selbst in Amerika gibt es einen Konflikt, inwiefern die Gesellschaft für den Einzelnen handeln soll und wie selbstständig er sein darf. Das Waffengesetz ist für uns Europäer einer der sichtbaren Konfliktpunkte, die hochemotional aufgeladen sind. Die gesetzliche Krankenversicherung ein anderer, einer, der für unser Verständnis kaum verständlich ist.
Nun fragt man sich, was hat das mit den Filmen zu tun? Dann zeigt sich, es gibt zwei Dinge die man unterscheiden muss. Das Recht und das Gesetz. Im Idealfall sind diese deckungsgleich, dann sind wir auch mit einer Entscheidung einverstanden. Sind sie es aber nicht, dann regt sich in uns der Unmut. Wie können sie nun nicht deckungsgleich sein? August von Hayek unterschied diese beiden Instanzen dahingehend, dass Recht gesprochen wird. Also erst wenn ein konkreter Fall vorliegt beginnt die Suche nach einem gerechten Urteil. Dies ist, was zum Beispiel in der Jury abgebildet wird. Die Gesetzgebung hingegen versucht auf jeden möglichen Fall schon eine Antwort zu geben, schon lange bevor dieser überhaupt eingetreten ist.
Nun kann es sein, dass das Gesetz, das ohne konkreten Fall konzipiert wurde, genau in diesem Fall als ungerecht empfunden wird. Folgt man dieser Unterscheidung, so liegt die Rechtsempfindung in der Moral des Einzelnen verankert, das Gesetz aber wird durch den Staat durchgesetzt. Hier haben wir den Konflikt zwischen dem Einzelnen und der Gesellschaft. Wenn Recht und Gesetz nicht identisch sind, hat das Individuum den Eindruck, dass das Gesetz den Täter schützt, aber nicht das Opfer. Wir erleben es im Übrigen fast tagtäglich, dass Mächtige glauben, dass für sie die Gesetze nicht gelten. Oder die Gesetze werden für die Vorteile der Mächtigen extra verfasst. Ja, es entsteht das Gefühl eines rechtfreien Raums. So entsteht das Gefühl, das Gesetz schützt nicht mehr einen selbst und damit wird das Rechtsempfinden gekränkt. Dies macht diese Filme auch für uns so attraktiv. Recht und Gesetz sind zwei Pole, die bei

aller Schwierigkeit zu einem Duopol verschmelzen sollten. Geschieht das nicht, dann gerät das Verhältnis von einzelnen und Gesellschaft in Konflikt.
Dieser Konflikt ist nun so brisant, dass daraus die unterschiedlichen, massenkulturellen Thematisierungen entstehen. Es sind Thriller, in denen der Polizist in seinem Rechtsempfinden gekränkt wird und nun das Recht in die eigenen Hände nimmt, wie „Dirty Harry". Es gibt Thriller, die Selbstjustiz thematisieren, wie „Ein Mann sieht rot". Häufig spielt hier auch ein verständnisvoller Polizist mit wie bei „Die Fremde in Dir" und es sind die unterschiedlichsten Verschwörungsthriller, bei denen eine Aushöhlung des Gesetzes stattfindet, wie etwa „Shooter". Es wird von den Mächtigen einfach nicht beachtet und nun nimmt der Protagonist das Recht in die eigenen Hände. Die Situation ist paradox. Der Protagonist weiß häufig, dass er gegen das Gesetz verstößt. Der Zuschauer kann natürlich nicht mit dieser Situation entlassen werden, also muss der Held wieder in den gesetzlichen Rahmen integriert werden. Meist geschieht dies durch einen verständnisvollen Gesetzesvertreter.

Tatort

Es ist ein liebgewordenes Ritual. Sonntags, 20.15 Uhr, der Tatort im Ersten. Aber es ist nicht nur der Tatort. Betrachtet man das Fernsehprogramm, so gibt es keinen Tag, an dem nicht mindestens ein Krimi läuft. Es ist das Interesse am Verbrechen, vor allem an dessen Aufklärung, das die Menschen vor den Bildschirm fesselt. Aber diese Antwort ist in der Herleitung komplexer. Es geht um die Frage, welche Bedeutung ein Verbrechen hat. Fragt man also einmal ganz naiv, was ein Verbrechen überhaupt ist, dann kann man folgende Merkmale aufzählen. Ein Verbrechen ist häufig, aber nicht ausschließlich eine Straftat. Aber auf jeden Fall ist es ein Verstoß gegen die geltenden Normen, die zum größten Teil in der Rechtsordnung niedergelegt sind. Wenn wir den Begriff der Norm, der Gesetze, der Rechtsordnung auf einen übergeordneten Sammelbegriff zurückführen, dann sind dies Gesellschaftsstrukturen. Diese Gesellschaftsstrukturen geben den Mitgliedern Maßstäbe für sinnhaftes Handeln. Also wenn man ein Verbrechen charakterisiert, dann ist dies ein Einbruch des Undenkbaren in den Sinnhorizont der Betroffenen. Für diese ist ein Verbrechen über seine Sinnhaftigkeit nicht auflösbar. Deshalb finden sich auch so häufig Schilder an Verbrechensorten mit der Frage: „Warum?". Für den Täter ist der Sinn in den meisten Fällen sehr klar, er setzt seine Interessen durch. Allerdings ist der Sinnhorizont des Täters mit dem des Opfers nicht deckungsgleich. Es sind völlig unterschiedliche Sinneswelten. Deshalb ist für das Opfer die Motivation, selbst wenn sie erklärbar ist, nicht nachvollziehbar. Es ist eben schlichtweg undenkbar. Ein Verbrechen verstößt gegen die komplette Welt des Opfers. Dies betrifft den Sinn, betrifft aber auch die Zeitstruktur und die Raumstruktur. Oft wird ja dann auch gefragt, warum musste ich gerade zu diesem Zeitpunkt an diesem Ort sein. Diese Opferperspektive ist insofern auch tückisch, weil sie dem Opfer eine strukturelle Mitschuld gibt. Aber das Verbrechen ist rücksichtslos in seiner Durchsetzung. Es bricht in mindestens eine der Logiken ein, entweder die des Raums, der Zeit oder des Sinns.

Bei einem Krimi wird dieser gefühlt irrationale Einbruch des Unwägbaren in eine nachvollziehbare Sinnstruktur überführt. Der Unsinn eines Verbrechens wird in ein Netz von Sinn eingebettet. Wenn das Verbrechen nicht aufgeklärt wird, was in Krimis recht selten geschieht, hat man dann doch Einblick in die Motivation des Täters erhalten. In der Realität stellt ein unaufgeklärtes Verbrechen für die Opfer eine Katastrophe dar, denn die eigene Welt ist buchstäblich zerstört und häufig gelingt es auch nicht, diese Welt wieder zu heilen. Der Krimi hingegen lässt den Rezipienten in der Regel nicht verzweifelt zurück, sondern restrukturiert die Sinnordnung und das schafft Entlastung und macht die Krimis so attraktiv. Die meisten Krimis oder Thriller haben tatsächlich diese Entlastungsfunktion. Aber weswegen man sie überhaupt zur Hand nimmt, ist das Wissen um die strukturelle Instabilität des eigenen

Sinnhorizonts, jederzeit kann ein Unglück geschehen. Literatur, Kultur überhaupt schafft hier - für einen kurzen Moment des Vergessens der Wirklichkeit - eine Erholung und sorgt dafür, dass das bedrohlich Unheimliche durch eine symbolische Ordnung, durch eine Erzählung eingerahmt wird. Wenn wir einen klassischen Krimi nehmen, werden die Motive des Verbrechers aufgedeckt und er wird genau an den Stellen überführt, an denen er gegen die Logik der Sinnstruktur verstoßen hat. Dies bezeichnet man als Alibi. Nämlich, wo war er wann und lässt sich diese Aussage mit der erfahrenen Wirklichkeit in Deckung bringen oder gibt es eine Diskrepanz. Wenn ja, dann ist er zumindest verdächtig. Wird er dann überführt, ist die Welt wieder in Ordnung.

Terminator

Frankenstein, Cyborgs, Roboter, Androiden; kaum ein Filmgenre kommt ohne diese Wesen aus. Es ist ein altes Motiv, das man bereits aus der griechischen Antike kannte, dass künstliche Wesen erschaffen werden und zu leben beginnen. Der Mensch setzt sich an die Stelle des Schöpfers. Die Idee der künstlichen Menschen scheint uralt. Der Pygmalion-Mythos, die Golem Sage, die Homunculi. Der Mensch als neugieriges Wesen will auch hinter das Geheimnis des Lebens kommen und das immer mit den technischen Mitteln, die ihm seine jeweilige Zeit zur Verfügung stellt. Bei den Griechen war das der Marmor, im Mittelalter Alchemie, in der Neuzeit Ingenieurswissenschaften und heutzutage Genetik und Nanotechnologien.

Was fasziniert Menschen so an diesen Figuren? Seit der Aufklärung wurde der Mensch als eine Art Maschine gedacht. Es beginnt bei La Mettrie und Descartes. Der Mensch ist eine Art Apparatur, etwas komplizierter und kann nun wie eine Uhr repariert werden. Nicht umsonst waren die ersten Prothesenhersteller auch Feinmechaniker. Wenn ich nun Stück für Stück austauschen kann, warum kann ich nicht, wie in einem Baukasten, alle Teile zusammensetzen und bekomme etwas Neues. Was damit aber nicht beantwortet wird, ist, warum dieses Ding dann anfangen soll zu leben. Bei Frankenstein sind es Chemikalien, bei Frank-N-Furter ist es ein Blitz. Dieser selbstgeschaffene Organismus, lässt den Menschen an die Stelle Gottes treten. Er macht sich die Erde untertan in einem radikalen Akt der Naturbeherrschung an sich selbst. Was nicht beantwortet wurde und was nun bei all diesen medialen Ikonen problematisiert wird ist, dass einfach nur funktionieren nicht leben bedeutet. Biologisch könnte man leben als Wachsen und Fortpflanzen beantworten. Aber in diesen Filmen spielt auch immer der Sitz der Moral eine große Rolle. Die Sittlichkeit des Menschen. Und das ist auch etwas, was die Transplantationsmedizin berührt. So gibt es Filme, bei denen ein transplantiertes Organ den Empfänger verändert, ihn zum Verbrecher werden lässt oder gar ein Eigenleben führt. Der Körper ist das Haus des Ichs, das Heim und dieses Heim kann eben auch sehr schnell unheimlich werden.

Wirkliche Roboter oder Androiden oder rein künstliche Figuren wie Data haben eben häufig das Dilemma, dass ihnen menschliche Regungen verborgen bleiben. Die menschliche Emotion wird in Zusammenhang mit seiner Sittlichkeit gebracht. Und der Terminator beispielsweise wird erst durch seine Emotionen, die er durch seine menschliche Hülle vermittelt, dem rein technischen T-1000 überlegen. Bei Blade Runner geht es auch um die Sittlichkeit und darum, dass der Lebensfunke etwas ist, das jenseits von technischen Hervorbringungen existiert. Es gibt einen Willen, einen

Lebenswillen. Selbst im Alltag erleben wir diesen Konflikt, wenn wir plötzlich mit einem technischen Gerät wie einem Auto eine persönliche Beziehung eingehen, glauben, es hat eine Seele, oder traurig sind wenn wir es weggeben. Was natürlich nicht heißen soll, dass Autos leben. Die Vorstellung, dass aber Autos leben, die ist gerade in den Transformer-Filmen hochaktuell.

Zurück in die Zukunft

Die Idee der Zeitreise wurde spätestens mit H.G. Wells Zeitmaschine Ende des neunzehnten Jahrhunderts populär. Die Idee in die Vergangenheit zu reisen, um die Gegenwart zu ändern, findet sich in populären Filmen von „Zurück in die Zukunft" bis hin zum „Terminator". Zeitreisen stellt sich als physikalisches Problem dar, aber das ist nur die halbe Wahrheit, es ist nämlich gleichermaßen ein kulturelles. Zeit ist eben nicht nur eine physikalische, sondern auch eine soziale Größe. Denn Zeit ist ein Mittel zur sozialen Synchronisation. Schon immer wurden bestimmte Intervalle dazu genutzt, dass sich Menschen mit anderen Menschen abstimmen können. Der Kalender machte eine Gemeinschaft oder eine Gesellschaft zukunftsfähig, indem bestimmte Ereignisse planbar wurden, wie etwa die Ernte. Große Bedeutung für unser gelebtes Zeitsystem hatte die Berechnung der Ostertage, da hier verschiedene Kalender, nämlich der Mond und der Sonnenkalender, zueinander in Beziehung gesetzt werden. Diese Art der Berechnung nannte man Computare, Zeitrechnen. Aus diesem Wort entstand unser Begriff für den Computer. Vom Wort Computare wurde auch Conto, also unser Wort für Konto abgeleitet. Kurzgefasst kann man also sagen, Zeit ist Geld. Mit der Zeit hängt auch die Geschichtlichkeit des Menschen zusammen. Er ist aufgrund seiner Distanz zu sich selbst, seiner exzentrischen Positionalität in der Lage, sich auf ein zukünftiges Ich hin zu entwerfen. Der Mensch hat eine Erinnerung an die Vergangenheit und er kann sich Zukunft vorstellen. Dies heißt aber auch, dass diese beiden Zeitachsen bewertet werden. Vergangenheit kann immer die Dimension der Schuld mit sich bringen. Habe ich die Entscheidung damals richtig getroffen oder würde ich sie heute anders treffen. Diese Vorstellung ist natürlich trügerisch, weil man ja aktuell eine Entwicklung durchschritten hat und sich so die Situation heute mit der damals gar nicht vergleichen lässt. Aber hier entsteht nun der Wunsch, nochmals mit dem Wissen von Heute zurück in die Vergangenheit zu gehen und Entscheidungen, die sich als schlecht erwiesen haben, zu korrigieren. Dieser Wunsch also, eine alternative Geschichte zu schreiben, ist von diesem Wunsch bestimmt. Dabei kann die alternative Geschichte sowohl die eigene, wie auch die Weltgeschichte sein. Dies ist ja ein häufiger Topos in den verschiedenen filmischen Formaten. Dies betrifft aber nicht nur die Vergangenheit, sondern gleichermaßen die Zukunft. Diese zeichnet sich nun dadurch aus, dass sie potentiell alle Möglichkeiten offen hat. Erst durch Entscheidungen, die wir getroffen haben, werden bestimmte Möglichkeiten realisiert. Es ist aber die Offenheit der Zukunft, die zugleich eine Art der Unsicherheit und Angst in uns aufkommen lässt. Was wird sein, wie wird es sein und was bedeutet das für mich. Um diese Unsicherheit zu beantworten, entsteht nun der Wunsch, in die Zukunft zu reisen. Kompliziert wird es, wenn man in die Zukunft reist, um die Gegenwart, die ja dann Vergangenheit ist, zu manipulieren. Dies ist der

Ausdruck eines Entscheidungsfindungsprozesses. Wenn ich nicht weiß, wie ich mich in einer Situation entscheiden soll, dann suche ich weitere Informationen um die Entscheidung zu treffen.

Man merkt, Zeitreisen haben eine gewichtige soziale Dimension und korrespondieren vor diesem Hintergrund auch mit den jeweiligen dominanten Kosmologien. Jede Gesellschaft hatte ihr Zeitmodell. Und in jeder Gesellschaft hingen von diesem Zeitmodell auch die Umgangsweisen mit den Problemen ab, die sich jeder Mensch alltäglich stellt. Woher komme ich, wohin gehe ich. Es gab Modelle die waren zyklisch. Epochen, die sich wiederholten oder aufeinander aufbauten. Es gab lineare Modelle mit einem klaren Anfangs- und einem klaren Endpunkt. Und jedes dieser Zeitmodelle fand seine Entsprechung in den jeweiligen religiösen Sinnsystemen. Das Rad der Wiedergeburt oder der Tag des Jüngsten Gerichts hängen genau von diesen Zeitmodellen ab. Heutzutage haben wir ein relatives Zeitsystem, dies entspricht auch einer Vorstellung, dass jeder sich seinen Lebensweg zurechtbasteln muss. Es sind nicht mehr die Turmuhren, die die Gemeinschaft synchronisierten. Es gibt heutzutage andere Taktgeber. Synchronisiert werden all diese Einzelhandlungen nun über eine global einheitliche Zeit, deshalb ist die Präzision der Atomuhren so wichtig.

Es gibt allerdings nicht nur diese zwei, sondern drei Zeiträume. Vergangenheit, Zukunft und Gegenwart. Der letzte ist ein besonderer Zeitraum, denn er lässt Geschichte als chronologische Abfolge in einem Hier und Jetzt verschwinden. Wenn man durch ein Erlebnis in eine totale Gegenwart eintritt, dann wird die Distanz des Menschen zu sich selbst aufgehoben. Er vergisst sich selbst, man kann dies als Ekstase bezeichnen. Mit dem Verschwinden der Reflexivität lösen sich auch die Zeitachsen in die Zukunft und die Vergangenheit zugunsten eines totalen „Jetzt" auf. Der Mensch tritt in eine Erlebnisgegenwart ein. Diese Erfahrung ist eine, die seiner Naturhaftigkeit sehr nahe kommt. Der Mensch ist in diesen Momenten ganz Naturwesen, empfindet die Zeitachsen von Zukunft und Vergangenheit als Kulturwesen. Er braucht aber immer auch die Erfahrung als Naturwesen, denn dies ist erlebbare Wirklichkeit. Allerdings kann er diesen Zustand nicht beständig aushalten. Er ordnet dieses Erlebnis in eine symbolische Ordnung und schafft so ein Davor und ein Danach, also Zeit. Das Spannende ist nun, dass Kultur Wurmlöcher für diese Erfahrung bereitstellt, wo also der Mensch in eine Erlebniswirklichkeit eintreten kann und das sind die unterschiedlichen Feste, wo sich der Mensch rauschhaft einer Erlebnisgegenwart hingibt. Andere Bezeichnungen dafür sind Jenseits oder Paradies.

How I met your mother

Die Serie „How I met your Mother“ gibt vor, dass es sich um die Suche nach der einzig wahren Liebe handelt, das ist ja auch der Titel und viele der Episoden bilden den Hintergrund. Doch diese Liebe scheitert immer an den Ansprüchen, die an jemanden gestellt werden. Insgesamt geht es sehr oft um Ansprüche und das Scheitern an diesen. Liebe scheint nicht mehr völlig zufällig zu sein, sondern muss vielen Normen genügen und das Paradoxe ist, dass genau die leidenschaftliche Liebe eine der Normen ist. Ein Teufelskreis.

Zentral an dieser Serie ist und das macht sie für Kulturwissenschaftler so spannend, dass sie Verhaltensnormen diskutiert. Wer ist der beste Freund, was sind die Rechte und Pflichten der besten Freundin, all dieses. Diese Moral dieser Ausführungen wiederum besteht darin, dass eine These aufgestellt wurde, diese These durchexerziert und am Ende ein Resümee gezogen wird. Es ist ein Telekolleg in richtigem sozialem Verhalten. Damit bekommt diese Serie den Charakter einer Fibel, das macht nun den Reiz aus. Man lernt, sich richtig zu benehmen und bekommt diese Unterweisungen durch amüsante Lektionen vor Augen geführt.

Dabei sind viele der Handlungen, viele der Normen, viele der Probleme Probleme, die aus dem kulturellen Gedächtnis Nordamerikas stammen und für Europäer und sagen wir es direkt, für Deutsche recht unbekannt sind. So gibt es etwa das immer wiederkehrende Thema: Wer sagt zuerst „Ich liebe dich“ und wird dies auch entsprechend beantwortet. Dieser Diskurs ist in Deutschland ein ganz anderer, hier wird recht offen die Liebe gestanden. Und die „drittes Date“-Regel ist eigentlich in Deutschland so gut wie unbekannt. Daher ist die Serie mit all ihren Facetten typisch amerikanisch und weil die Normen immer gut durch den Off-Kommentator erklärt werden, können deutsche Zuschauer die Serie nicht nur nachvollziehen, sondern bekommen zusätzlich einen Einblick in die US-Gefühlswelt. Das ist wohl ein Grund für den Erfolg. Aus dem Blickwinkel eines deutschen Zuschauers scheint das Leben von New Yorkern sehr reglementiert zu sein.

Der Bro-Code, der im Übrigen ja auch als gedrucktes Buch in Deutsch erschienen ist, hebt diesen Normdiskurs auf die Meta-Ebene. Barney stellt bestimmte Regeln auf, die oft völlig willkürlich erscheinen, nur aus dem Grund heraus, nicht einen Irrtum in einer Diskussion einzugestehen. Wobei der Bro-Code manchmal aus einer Einsicht heraus und manchmal als steile These formuliert wird. Insgesamt ist der Bro-Code aber eben wieder ein Indiz für den Umgang der Serie mit Normen. Es ist daher anzunehmen, dass man in einigen Jahrzehnten von HIMYM so sprechen wird, wie heute vom Knigge „über den Umgang mit Menschen“.

Greys Anatomy

Krankenhausserien wie „Greys Anatomy“, „General Hospital“ oder auch „Scrubs“ sind deshalb so beliebt, weil Krankheit und Tod die zwei großen anthropologischen Kränkungen sind, die der menschliche Verstand nicht auflösen kann. Es ist paradox, sich die eigene Nichtexistenz vorzustellen. Das macht den Gedanken von Krankheit und Tod zu bedrückend. Serien, die diese Trigger behandeln, betten sie in einen sinnhaften Erzählrahmen ein und machen sie damit ein Stück weit verständlich. Auch wenn es in vielen Episoden um die erfolgreiche Rettung geht, ändert das nichts an der Verzweiflung über die „Krankheit zum Tode“, wie dies Kierkegaard beschrieb. Der Sinn der menschlichen Existenz angesichts eines unabwendbaren Endes wurde früher durch religiöse Systeme geleistet, diese verlieren in der westlichen Gesellschaft langsam ihre Tragfähigkeit. Aber die Verzweiflung der Menschen bleibt, also fangen sie an, an die Medizin zu glauben und die Mediziner sind nun nicht mehr nur Halbgötter, sondern richtige Götter in Weiß.

Hier ist auch der Übergang zwischen der Schulmedizin und der Scharlatanerie. Jedes obskure Angebot kann sinnhaft erscheinen. Ob es wirklich hilft, das kann ich nicht beurteilen. Es sind aber immer Scharlatane, die sich die Verzweiflung zunutze machen und Menschen etwas glauben lassen wollen. Diese Verbindung von Krankheit und Glauben war ja ursprünglich in der Religion beheimatet und wird noch heute von ganzheitlich orientierten Ideologien propagiert. Dort wird die Verbindung zwischen Krankheit und Schicksal gezogen: dass Krankheit eine Schicksalsprüfung ist, dass es etwas mit dem Karma zu tun hat. Dies sind alles Dinge, die mit dem Bereich des Glaubens zu tun haben. Moderne Medizin hingegen ist eine empirische Wissenschaft. Aber gerade weil sie das ist, wird nun in einem Reflex eine Ganzheitsvorstellung inszeniert, die letztlich nur ein semantischer Komplementärbegriff ist. Man kann es so beschreiben, mit der Austreibung des Glaubens aus den Naturwissenschaften entstehen nun Glaubenssysteme. Das diese eine Funktion haben und auch eine Leistung, welcher Art auch immer, erbringen, ist unbestritten, aber sie sind eben kein Teil des naturwissenschaftlichen Systems.

Die moderne Apparatemedizin ist eben auch sehr unpersönlich. Die ganze Medizinerausbildung ist ja ein Stück weit darauf angelegt, einen Fall objektiv zu beurteilen. Da wird der Patient auch schnell zu einem Objekt, zu einem Gegenstand. Wer einmal in einer Notaufnahme einer Universitätsklinik war, weiß, was ich damit meine. Es müssen so schnell Entscheidungen getroffen werden, dass das menschliche Gegenüber nur noch als Fall wahrgenommen wird. Dies spüren natürlich die Menschen und fürchten sich davor, nun als Patient solch einer Institution ausgeliefert zu sein. Deshalb werden nun warmherzige mitfühlende Doktoren in den Filmen dargestellt, oder im Falle von Dr. House ein mürrischer Arzt, der dennoch alles für seinen Patienten tut. Wenn man beispielsweise ein Krankenhaus in Berlin nimmt, dann liegt man dort über Stunden ohne jede Beschäftigung. Man wird im günstigsten Fall durch eine Zeitschrift oder das Fernsehen vom Grübeln abgelenkt. Dies will man natürlich nicht sehen. Was man aber hingegen sehen würde, dass vieles auch ganz unspektakulär über die Bühne geht und nicht immer große Theatralik im Operationssaal notwendig ist. Diese Ernüchterung über die Normalität einer Krankheit könnte den Zuschauern auch etwas Sicherheit geben. Man sagt im Übrigen, früher mussten die Krankenhausärzte auch die Schwarzwaldklinik sehen, weil am darauf folgenden Tag lauter Patienten mit genau den thematisierten Beschwerden in die Klinik kamen. Ähnliches kann man für die medizinischen Informationssendungen annehmen. Diese sind eine Popularisierung von Expertenwissen, dadurch wird aber niemand zum Experten. Das fiese ist nun, man nimmt den Patienten immer stärker in die Pflicht, für sich selbst Verantwortung zu tragen, ohne dass er in der Lage ist, seine Situation überhaupt angemessen zu beurteilen. Dies geschieht aus Angst vor Regressforderungen, überfordert aber letztlich den Patienten, der oft gar keine Wahl hat. Betrachtet man die Medizin in dem Kontext, dass sie sinnstiftend wirkt, so muss sie auch den Bereich des Glaubens transportieren. Konkret heißt dies, sie sollte Voraussetzungen schaffen, dass der Patient seinem Arzt vertraut. Sendungen, die nun scheinbar aufklären, können dieses Vertrauensverhältnis empfindlich stören. Dazu kommt bei diesen Sendungen etwas, wogegen selbst Mediziner während ihres Studiums empfänglich sind; Morbus Clinicus.

Letztlich ist die Medizin eine Spezialisten-Ausbildung. Ein Laie kann sich dieses Expertenwissen nur schwer aneignen und noch schwerer wird die Beurteilung. Das liegt auch daran, dass ja in den Medien immer von dem Extremfall berichtet wird, in einer Hausarztpraxis liegt aber der Schwerpunkt auf dem Regelfall. Also wird ein Mediziner eher nüchterner urteilen, was aber nicht heißen muss, dass er in jeden Fall Recht haben muss. Hier ist etwas notwendig, das diese Serien oft in das Zentrum stellen. Es geht um das Vertrauen. Und genau das müssen sich die Ärzte in diesen Serien ständig aufs Neue erarbeiten.

RTL-Exklusiv

Ist Charlene wirklich schwanger? Sylvie Meis sieht bedrückt aus. Was tragen unsere Spielerfrauen in Brasilien? Sprechen Sie diese Zeilen an? Dann sind Sie für Gossip empfänglich. Gossip, kann man gut mit dem deutschen Begriffsdoppel „Klatsch und Tratsch" umschreiben, er stillt auf der allerallgemeinsten Ebene unsere Neugierde. Der Mensch ist da nicht anders als viele Tiere, als eigentlich die meisten Tiere, er ist neugierig. Neugierde ist lebensnotwendig, denn sie liefert uns Informationen über unsere Umwelt. Über Chancen und Risiken, die sich in uns auftun. Nicht zuletzt ist Neugierde auch ein Motor für die Diffusion in neue Lebensräume. Klatsch und Tratsch, auch wenn diese Begriffe oft zusammen benutzt und manchmal verwechselt werden, sind keinesfalls das Gleiche. Tratsch ist eher ein belangloses Gespräch über Nebensächlichkeiten, das aber eine wichtige Funktion erfüllt. Es führt nämlich in das Gespräch ein, in dem dann die wirklich wichtigen Informationen ausgetauscht werden. Natürlich kann auch ein Gespräch beim Tratschen, beim Smalltalk verweilen. Dort hat dann das Gespräch die Funktion, den Kontakt zu dem Gegenüber nicht abreißen zu lassen. Die Motivationen können ganz unterschiedliche sein. Aber es geht grundlegend darum, Informationen über das Gegenüber und die Umwelt zu sammeln. Genau das wird im bemühten Gespräch über das Wetter deutlich. Smalltalk ist im Übrigen ein hochkomplexer Akt, bei dem man viel verkehrt machen kann und sei es nur auf die Frage: „Wie geht es Ihnen?" wahrheitsgemäß zu antworten. Die richtige Antwort lautet nämlich immer: „Gut und Ihnen".

Beim Tratschen werden Informationen über Dritte, die nicht anwesend sind, weitergegeben. Diese können stimmen, müssen aber nicht. Heutzutage spricht man hier gerne vom Lästern. Aber auch die Neugierde ist etwas, das eine Verlockungsprämie für den Tratsch darstellt. In einer Gemeinschaft, nehmen wir eine Dorfgemeinschaft, ist es wichtig, was dem einen oder anderen Mitglied widerfahren ist. So beobachtet sich eine Gemeinschaft durch Tratsch selbst. Diese Beobachtung hat zugleich auch den Aspekt der Kontrolle. Tritt nämlich jemand aus dieser Gemeinschaft aus, so wird dies durch Lästern kommentiert, um die Integrität der Gemeinschaft aufrechtzuerhalten. Diese Gemeinschaften sind in ihrer Struktur nicht auf sozialen Aufstieg angelegt, sondern vor allem auf Selbsterhalt. Ein Erbe der Ständegesellschaft. Unsere Wirklichkeit ist nun nicht mehr die des Dorfes, sondern wir leben in einer globalisierten Welt, in der viele Prozesse automatisiert und abstrakt geworden sind. Der Kapitalismus hat kein Gesicht mehr. Deshalb wollen wir ihm so gerne eines geben und sei es eben das von Bill Gates oder Marc Zuckerberg. Für uns als Menschen, die auch gewohnt sind, mit menschlichen Beweggründen klarzukommen, ist nun das Wissen über bestimmte Persönlichkeitsmerkmale und Handlungsmuster hoch spannend, weil sie uns helfen, uns in einer überkomplexen Wirklichkeit zu orientieren.

Wenn wir sehen, dass sich Angela Merkel beim Wandern den Knöchel verstaucht, so wirkt sie menschlich und nicht als Sachverwalterin politischer Prozesse, die nur schwer durchschaubar sind. Und die Art, wie sie mit diesem Missgeschick umgeht, gibt uns dann scheinbar Aufschluss darüber, wie sie mit anderen, vielleicht größeren Problemen, umgehen wird. Der Boulevard ist vor allem ein journalistisches Medium und folgt dessen Gesetzen und Dingen, die einen Nachrichtenwert versprechen müssen und sich dabei an bestimmte Regeln halten. Eine Nachricht muss aktuell sein, sie muss aber auch Gefühle erzeugen. Genau dies leisten diese Artikel. Jemand wird aus der Gemeinschaft herausgehoben, das erste Gefühl ist Bewunderung. Doch ragt er zu weit heraus, dann entsteht Neid. Also freut man sich über Widrigkeiten bis er fallengelassen wird, dann wandelt sich Schadenfreude irgendwann in Mitgefühl. Es ist eine Art Katharsis, die die Leser bei solch einer Geschichte miterleben und ihre eigenen Erlebnisse in diesen Stellvertretern nochmals nachempfinden und letztlich auch in ihren eigenen Sinnkontext einordnen können. Der Gossip ist ein nicht zu unterschätzendes Mittel der psychischen Hygiene, so wie der Tratsch ein Mittel der sozialen Hygiene ist.

Ich bin ein Star, holt mich hier raus

Warum sehen so viele Menschen Formate wie „Ich bin ein Star, holt mich hier raus", „Deutschland sucht den Superstar" oder „Biggest Looser?" Es scheinen sehr niedere Instinkte zu sein, die dort angesprochen werden und diesen Sendungen zum Erfolg verhelfen. Natürlich müssen diese Formate etwas haben, das Sigmund Freud als „Verlockungsprämie" bezeichnete. Es muss etwas sein, das das Triebhafte in uns anspricht und es uns ermöglicht, dieses Triebhafte in entschärfter Form auszuleben. Auf diese Weise entsteht – so Freud – Kultur. Diese Art der Kultur ist wertfrei. Es ist erstmal einfach nur Kultur. Fragst man sich, ob es kulturell wertvoll ist, ob es Qualitätsfernsehen ist, dann weist dies auf bestimmte Distinktionen hin. Ich bin mir nicht sicher, was Qualität bedeutet. Bedeutet es, dass nur elitäre Gruppen zu einem raren Gut Zugang haben? Dann haben diese Sendungen keine Qualität. Aber man muss sich auch fragen, ist die Kultur jetzt all denen zugänglich, die eben die entsprechenden Mittel haben? Deshalb spricht man so abfällig von „Unterschichtfernsehen" und bringt es polemisch mit Hartz IV in Beziehung.

Nun, der Schichtbegriff ist heutzutage nicht mehr praktikabel, eigentlich spricht man von Milieus. Aber wenn man wirklich in Schichten denken mag, dann gibt es eine winzige Schicht, die wirklich zur Oberschicht gehört. Das sind die Gruppen, die über die ökonomischen Ressourcen gebieten. Es sind verschwindend wenige Personen, die über ein riesiges Vermögen verfügen, das eigentlich gar nicht vorstellbar ist. Dort konvergiert ökonomisches Kapital in politisches. Aber diese Personen sind gar nicht bekannt. Da man die Personen nicht kennt, kann man eigentlich nur spekulieren. Sofern es keine Parvenüs sind, ist es tradiertes Kapital. Heißt, es wird vielleicht sogar seit Jahrhunderten konserviert und entsprechend wird die Unterhaltungskultur dieser Jahrhunderte konserviert. Das nennt man dann klassische Musik. Der Unterschied ist, dass das Bürgertum, verbissen danach drängt, Lebensweisen der herrschenden Klasse zu adaptieren. Es glaubt nun, die sogenannte E-Kultur als ernsthafte Kultur sei etwas anderes als Unterhaltungskultur. Es verkennt aber, dass alles, was mit jetzt todernster Miene angehört und angesehen wird, eben vor zweihundert Jahren auch nur Unterhaltungsmusik war.

Es ist letztlich ein sozialer Akt der Distinktion. Bestimmte Codes, also bestimmte kulturelle Symbole, Musik, Bilder, Wissen werden genutzt, um sich von anderen abzugrenzen. Die Mittelschicht wird von ökonomischer Verarmung bedroht und will nun auch nicht noch kulturell mit der „Unterschicht" eins werden. Wobei hier ja auch spannend ist, dass einkommensfern oft mit bildungsfern gleichgesetzt wird, was nun gar nicht stimmt. Nur sind die Bildungsträger eben auch nicht der Oberschicht zuzurechnen und waren das auch nur selten. Selbst Voltaire wurde von Friedrich als Hausphilosoph ausgehalten. Ein Objekt im adligen Kuriositätenkabinett. Das

Bürgertum konnte sich nun keinen Voltaire leisten und las diesen umso beherzter. Das ist Bildungskonsum. Nun sehen wir, dass immer die untere Schicht versucht, die Codes der über ihr liegenden Schicht zu übernehmen und sich gleichzeitig von der unteren Schicht abzugrenzen. Das Bürgertum will adlige Attitüden übernehmen und sich vom Proletariat abgrenzen. Genau das gleiche geschieht nun heute in der Massenkultur. Die Mittelschicht hofft verzweifelt, zur Oberschicht zu gehören und konsumiert deren exklusiven Stil, popularisiert diesen. Im nächsten Schritt werden diese nun mittelständischen Stile von der Unterschicht übernommen und die Mittelschicht versucht jetzt, die Schotten dicht zu machen und sich von der Unterschicht abzugrenzen. Dies wird als absinkendes Kulturgut bezeichnet. Viele Kulturgüter der Mittelschicht sind der Abfall der Oberschicht. Das betrifft Antiquitäten, ehemalige Objektensembles, die von der Oberschicht auf den Müll geworfen wurden und nun für die Mittelschicht noch von unschätzbarem Wert sind. Das betrifft auch Genussfreuden wie Weine, Speisen, Parfüms. Wir haben keine Ländereien, aber können uns immerhin einen teuren Wein leisten. Und alles, was nicht exklusiv gilt, gilt nun als Unterschichtskultur.

Verblüffenderweise steht die so bezeichnete Unterschicht, dem Unterschichtsfernsehen selbst kritisch gegenüber. Dies ist allerdings auch selbstverständlich, weil sich diese Schicht auch an der ihr übergelagerten orientiert und sich von sich selbst distanzieren will. Das eigene wird nicht wertgeschätzt und dafür wird nach bestimmten Codes, also nach bestimmten kulturellen Werten gestrebt, die Zugang zur Macht versprechen. Die spannende Frage ist nun, was ist wirklich Unterschichtskultur. Wir haben eigentlich in der postindustriellen Gesellschaft in dem Sinne keine Schichten mehr. Vielmehr gibt es eine Masse, die sich in einzelne Milieus unterteilt. Dieser Masse entspricht nun eben Massenkultur. Die hat allerdings ein paradoxes Verhältnis dazu, als dass sie glaubt, diese Kultur sei ihrem Status entsprechend nicht exklusiv genug. Eine Hybris, die verkennt, dass nun eben die meisten der Mittelschicht – oder laden wir es politisch auf – der Bourgeoisie ohne Zugang zur Macht sind und damit gar nicht die Vorbedingungen für Exklusivität erfüllen. Der Hass auf Massenkultur ist eigentlich pathologischer Selbsthass.

Big Brother

Zwar legt bereits der Name eine Verbindung zu George Orwell nahe, zwar legen die allgegenwärtigen Kameras die Idee eines panoptischen Überwachungsstaates nahe, aber ist das die richtige Spur? Big Brother war anfangs ein Format, das vorgab, Spannung zu erzeugen und ansatzweise mit Hilfe von Erzählsträngen auch herstellte. Aber in der Hauptsache waren die Situationen völlig banal. Weshalb hatte dieses Konzept dennoch solch einen Zuspruch? Dieses Format bildete idealtypisch die Leitcodierung der Informationsgesellschaft „Bekannt-Unbekannt" ab. „BigBrother" gab vor, Intimstes aufzudecken, wobei dieses überhaupt keinen Informationswert besaß. Es war ein informelles Nullsummenspiel. Diese Form von „aktiver Nicht-Beschäftigung" greift radikal in einen Bereich, der weit über die Funktion des Fernsehens als Informationsmedium hinausreicht. Das Medium wandelt sich zu einem Meditationsmedium. Nicht mehr Information, sondern Uninformation wird angeboten, dies führt zu einer geistigen Entspannung. Die Rezeption wird zu einem kontemplativen Akt. Big Brother war ein Sedativ.

Big Brother erweckte den Anschein, authentisch zu sein. Aber: Big Brother war von Beginn an als Spiel definiert, wodurch niemals ein Zweifel darüber aufkam, dass die Bewohner des Hauses sich unbefangen verhielten. Vielmehr schien Big Brother eine „Daily Soap" zu sein, deren Drehbuch feststand, deren Schauspieler jedoch Stehgreiftheater spielten. Dadurch, dass diese Irritation von authentisch im Gegensatz zu fiktional entstand, wurde die Struktur des Formates selbst sichtbar. Auf diese Struktur stürzten sich die Konsumenten, die sich nun in einer Umdeutung des Formates, interaktiv in die Struktur einklinkten. Gerade die unberücksichtigten Momente dieses fast vollständig durchgeplanten Ereignisses wurden von den „Fans" zentral positioniert und thematisiert. So entstand für den Quotenvorleser ein eigener Fanclub, der angeblich amateurhafte Moderator Percy wurde euphorisch bejubelt und die Hauskatze „Sternchen" frenetisch von den vor dem Haus ausharrenden „Fans" auf Transparenten gefeiert.

Der Bruch entstand am Ende der ersten Staffel, als die Produktionsfirma den Grad an Interaktivität erhöhte und zudem Abwechslungen präsentierte (Verona Feldbusch, Uli Walz). Damit wurde das Produkt mit anderen Fernsehformaten gleichgeschaltet und verlor seine Außergewöhnlichkeit.

Die neuen Staffeln zeichneten sich nun gerade durch die Durchsichtigkeit dieser Spannungserzeugung aus. Ob nun Westerwelle in Big Brother, oder Gerhard Schröder in GZSZ auftreten, gerade das gewollt Besondere dieser Inszenierungen ist ein alltägliches Phänomen.

Olympische Spiele

Die Olympischen Spiele, sind nicht nur Wettbewerbe, sie tragen den Aspekt des Spiels in ihrer Bezeichnung. Es ist eben mehr als nur akkumulierte Weltmeisterschaft. Bei diesen Ereignissen kann man wunderbar sehen, wie eng Sport und Spiel zusammenhängen. Und wie eng diese Ereignisse mit dem Sakralen und dem Spirituellen verbunden sind. Das Spiel ist dem Sport historisch weit vorgelagert. Zuerst waren Spiele da. Es ging bei den frühen Olympischen Spiele nicht nur um das Gewinnen, das natürlich auch, aber es ging um viel mehr. Geht es beim Sport um Leistungsmessung, so ging es bei den Spielen darum, dass jeder Teilnehmer ein ganz persönliches Opfer der obersten Gottheit darbringt, nämlich seine absolute Spitzenleistung.

Dies unterscheidet diese alten Spiele von den modernen. Bei den modernen Olympischen Spielen ging es ja letztlich um ein politisches Projekt. Was auch durch die Olympischen Ringe ausgedrückt wird, nämlich Völker zu verbinden. Daran ist gar nichts schlecht, aber es ist keine spirituelle Handlung mehr, sondern eine politische. Und so werden die Olympischen Spiele ja auch von der Politik nicht selten missbraucht. Olympische Siege waren Siege des jeweiligen politischen Systems. Das hat nicht mehr den ursprünglichen Geist, nämlich ein Opfer zu bringen.

Mit der Auflösung der politischen Blöcke verändert sich nun auch die Struktur, die sich in den Spielen spiegelt. Denn übrig bleibt der Kapitalismus. Die Spiele werden immer kommerzieller, das ist ja die Klage, die die letzten Jahre ständig aufkam und parallel dazu verlangt man von den Sportlern, Idealismus zu heucheln. Olympia ist ein einziges großes Geschäft geworden. Will man also etwas von dem alten Geist der Olympischen Spiele retten, müsste man hoffen, dass Olympia finanziell ein Misserfolg wird, dann haben wir es mit einer Art Geldvernichtung zu tun. Also ein riesiges Opfer in der einzigen Währung, die der Kapitalismus kennt: in Geld.

Aber so altbacken brachial-marxistisch muss die Lösung gar nicht aussehen. Der Clou des ursprünglichen Opfers, das in den Spielen erbracht wurde, steckt nämlich viel tiefer in deren Struktur. Natürlich hängen von einem Sportler das Prestige vieler Institutionen ab: Nation, Sponsor, Club. Entscheidend dabei ist aber die Leistung des Sportlers. Mit einem jahrelangen harten Training schafft der Sportler nämlich keinen materiellen Wert. Es ist ein reiner , der gebildet wird und an diesen Mythos hängen nun finanzielle Interessen ohne zu sehen, dass überhaupt kein substantieller Wert dahinter steht. Im Kern ist Olympia das, was es immer schon war, reine Verschwendung von Spitzenleistung.

WURMLÖCHER

Der Alltag zeichnet sich durch seine Gewöhnlichkeit aus. Viele der Dinge scheinen so unspektakulär, dass sie als banal wahrgenommen werden. Dabei hat jedes dieser Phänomene das Potential, ein Wurmloch zum Außeralltäglichen zu sein. Jede Handlung, jedes Tun kann den Ausübenden in einen Flow, wie dies Mihaly Csikszentmihaly ausführte, bringen. Einen Flow, der ein verändertes Bewusstsein mit sich bringt. Die ansonsten scharfe Trennung zwischen Ich und Umwelt verändert sich. Dieses Potential macht nun diese Tätigkeit so attraktiv. Es ist das Eintauchen in eine Außeralltäglichkeit und die Rückkehr in den Alltag, der diese Kulturproduktion lebendig hält.

Blicken wir einmal von der Struktur auf die Elemente. Allen gemein ist, dass sie etwas unernstes, etwas spielerisches haben. Aber wenn wir von Spielen sprechen, so unterschieden sich auch die Spiele zueinander. Roger Caillois erweiterte Huizingas Konzentration auf Wettkampfspiele, die unsere Welt wie einen roten Faden durchziehen, um drei weitere Spielarten. Das Glückspiel, das sich vom Wettkampf durch den Zufall unterscheidet. Das Schauspiel und die Maskerade, in eine andere Rolle zu schlüpfen, verändert und erweitert die Identität eines Spielenden um eine Alterität, die im Alltag nicht möglich ist, da sich durch die Maske geschützt nun auch Wesensseiten, die triebhaft, die tierhaft sind, entäußern können. Dies macht für den Zuschauer Inszenierungen mit Masken manchmal so bedrohlich, als dass sich dort eine unzivilisierte und unzensierte Seite des Menschen zeigt. Eine letzte Gattung ist das Rauschspiel. Es sind nicht nur Trinkspiele, es sind alle Spiele, die die Sinne des Menschen irritieren, um ihn in einen anderen Bewusstseinszustand zu versetzen.

Das Spiel ist also mehr als nur eine Handlung zum Zeitvertreib. Das Spiel ist eine Technik, um in die Außeralltäglichkeit einzutreten. Dabei sind es keineswegs nur Tätigkeiten, die als Kulturproduktion wahrgenommen werden, es sind letztlich alle Tätigkeiten, die nicht direkt einen Nutzen versprechen. Es können Hobbys sein, es kann die Art im Blumengarten sein, das Bauen einer Modelllandschaft, es kann das sich verkleiden oder das Fotografieren sein. Alles was nicht direkt dem Überleben dient, hat das Potential, als Medium genutzt zu werden. Allerdings müssen diese Medien genutzt werden, sonst verschwinden sie relativ spurlos. Wie viele Sammlungen wurden aufgelöst, weil sie alleine für den Sammler attraktiv waren und für Fremde nur nach wilder Unordnung aussahen. Wir können dies leicht überprüfen und fragen, wer jemals bei einem gelungenen Spiel, sei es ein Fußballspiel, sei es die Ziehung der Lottozahlen, bei einem spannenden Film oder eben auf einer Kirmesattraktion, die großen anthropologischen Kränkungen von Krankheit, Alter und Tod präsent hatte. Gerade die Vorstellung, dass man auf einer Achterbahn, in einem Zustand größter Angst, nicht an den Tod denkt, klingt paradox.

Werden jedoch diese Wurmlöcher genutzt, so schreibt sich in ihnen auch die umgebende Kultur ein. Denn sie sind in der Kultur, nicht außerhalb. Es ist kein heiliger Ort weit außerhalb, es ist ein Ort inmitten des Alltags, der sich da auftut. Deshalb kann man an diesen Wurmlöchern auch deren Architektur ablesen. Was sind die Attraktoren, die Menschen für dieses Wurmloch begeistern lassen? Natürlich sind diese Auslöser vielschichtig und so können im Folgenden nur Schlaglichter auf ein, zwei, vielleicht drei Aspekte geworfen werden, um zu zeigen, dass dieses Tun mehr ist, als einfach nur gedankenlos hinzumurmeln: „Man tut es, weil es Spaß macht“. Wir hatten ja ausgeführt, dass jedes Alltagsphänomen das Potential hat, ein Wurmloch zu sein. Insofern wirkt die folgende Auswahl zufällig. Ziel war es einen möglichst guten Eindruck zu geben, wie dieser Claim des Alltags ausgeformt ist und was alles in diesem Claim an Wurmlöchern vorhanden sein kann.

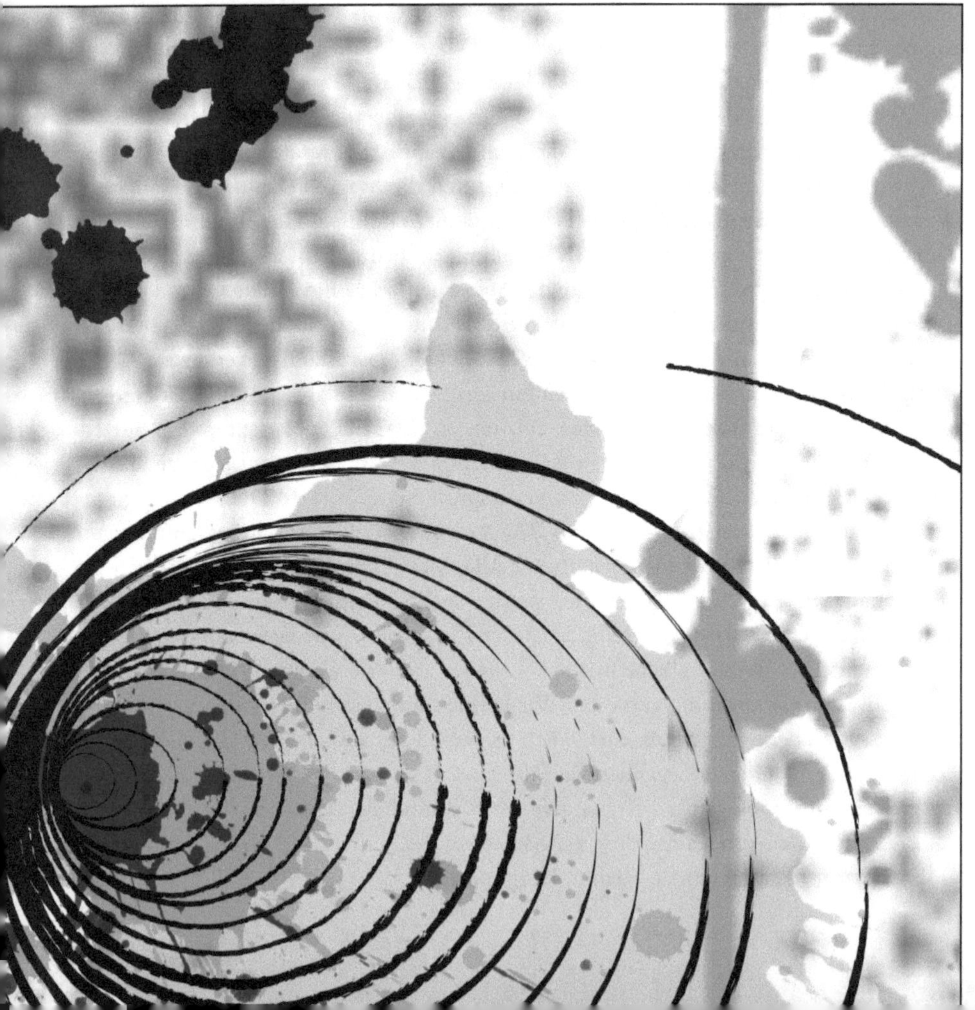

Fußball

Fußball ist als Massenphänomen nicht nur in der Mitte der Gesellschaft angekommen, sondern auch mitten in der Wissenschaft. Unzählige Arbeiten ziehen Metaphern aus dem Fußball heran, um ihre Argumentation zu verdeutlichen. Ausgehend von Peter Handkes Romantitel, „die Angst des Torwarts vorm Elfmeter", was fast zu einen geflügelten Sprichwort geworden ist, bis hin zu Niklas Luhmann, haben sich Wissenschaftler mit dem Fußball beschäftigt. Es gibt Versuche den Fußball schon bei den Azteken zu belegen und tatsächlich wurde dort ein Ballspiel gespielt. Auch haben mittelalterliche Mönche ein Ballspiel zu meditativen Zwecken gespielt. Aber der Fußball ist eigentlich eine Erfindung des neunzehnten Jahrhunderts. Er entstand in England, verbreitete sich in Europa und wurde in Deutschland als englische Krankheit oder Fußlümmelei verschrien. Natürlich ist das Spiel nicht in jedem Land beliebt, das ist ja nachvollziehbar. Für die Cultural Studies ist aber weniger das konkrete Geschehen auf dem Feld, als vielmehr das Geschehen drum herum spannend.

Es interessiert also weniger der Sport als vielmehr das Ereignis. Ein Fußballspiel folgt einer quasireligiösen Liturgie. Das Stadion als Fußballtempel, die Rede vom Fußballgott. Das Bekreuzigen beim Einlaufen, es gibt unglaublich viele Aspekte, die diese religiöse Dimension betonen. Dazu kommen die äußeren Aspekte wie das Stadion, in dem die Fans, die eine tiefe emotionale Verbundenheit mit ihrer Mannschaft verbindet. Sie stimmen dort Fangesänge, also eine Art Choral an. Was den Fußball als Spiel auszeichnet ist seine Unberechenbarkeit. Es ist eine Inszenierung ob man mit Übung und Geschick das Schicksal bezwingen kann. Ein wunderbares ästhetisches Thema. Häufig kann man das, aber manchmal gelingt es nicht und dann sagt man eben gerne. „Der Fußball hat seine eigenen Gesetze".

Ursprünglich waren die Spiele, wie etwa die olympischen Spiele, Wettbewerbe, die eine religiöse Funktion innehatten. Das Spiel entführt den Spieler durch seine Eigengesetzlichkeit in eine andere Wirklichkeit. In dieser Wirklichkeit herrschen eine andere raumzeitliche Ordnung und andere Gesetze. Genau dies zeichnet auch den Fußball aus. Regeln, Spielfeldgröße und Spieldauer. Durch diesen exklusiven Raum kann nun der Teilnehmer, und nicht nur die Spieler sind Teilnehmer, sondern eben auch die Zuschauer sind Teilnehmer, in eine andere Wirklichkeit eintauchen. Eine Wirklichkeit, in der für die Dauer dieses Erlebnisses all die Sorgen, sowohl die alltäglichen, als auch die existentiellen vergessen sind. Es ist ein neunzig minütiges Jenseits. Wenn man sich mit Spielen beschäftigt, dann zeigt sich, dass es vier Gruppen von Spielen gibt. Wettkampfspiele, Glückspiele, Schauspiele und Rauschspiele. Beim Fußball, und das ist das Besondere, finden wir alle vier Gruppen gleichermaßen vor. Es ist ein Wettkampf, bei dem auch das Glück eine Rolle spielen kann. Er wird vor Publikum vorgestellt und sowohl Spieler als auch Zuschauer können sich in einen Rausch hineinsteigern. Nun ist es so, dass der Mensch diese extremen Erlebnisse nicht konstant aushalten kann, auch deshalb dauert ein Spiel 90 Minuten. Dadurch, dass nun das Spiel den Zuschauer so inkludiert, ist es eine Art Katharsis. Der Mensch kann in einem Spiel die unterschiedlichsten Gefühlszustände ausleben. Ein Ausleben, das im reglementierten Alltag nicht mehr möglich ist. Ein Ausleben, das im Alltag auch durch die unterschiedlichsten Regeln besetzt ist. Wo dürfen heutzutage Männer in aller Öffentlichkeit weinen: beim Fußball. Dieses Ausleben der Gefühle, versetzt den Menschen in einen unreflektierten Zustand, in dem er ganz Gegenwart ist. Er ist ganz naturhaftes Wesen und zeigt ohne kulturelle Zensur, was gerade in ihm vorgeht.

Fahren

Noch vor wenigen Jahren war es ein populärer Trend. Heutzutage sieht man sie immer seltener im Straßenverkehr: Quads. Der Hype scheint vorbei zu sein. Noch vor wenigen Jahren sah man in den Verkaufsprospekten von Großmärkten Quads zu Kampfpreisen. Auch gibt es weniger Quadschulen und Quad-Tourenanbieter als noch vor einigen Jahren. Das hat damit zu tun, dass die Neugierde auf das Neue vorbei ist. Die Leute, die nur mal damit fahren wollten, haben das getan und damit ist der Reiz vorbei.

Dabei ist ein Quad ein bemerkenswertes Verkehrsmittel. Es sieht ja aus wie ein Trike, wie das dreirädrige Motorrad, nur dass es vier Räder hat. Aber eigentlich ist es etwas ganz anderes. Es ist mehr Auto als Motorrad. Das merkt man bei den Kurvenfahrten. Wer sich mit dem Quad so in die Kurve legt wie mit einem Motorrad, der liegt schnell auf der Seite. Eigentlich ist ein Quad ein kleines Auto mit Motorradlenker. Ursprünglich war das Quad ein Gebrauchsfahrzeug in der Landwirtschaft. Im Outback in Australien beispielsweise wurde es eingesetzt. Diese Quads haben aber nur wenig gemein mit den Fun-Mobilen, die es in den Prospekten gab. Diese ursprünglichen Quads hatten einen Vierradantrieb und waren deutlich robuster angelegt, es waren Arbeitswerkzeuge. Diese Plastik-Quads waren tatsächlich nur ein kurzer Modetrend und nachdem man mit diesem keine Aufmerksamkeit mehr erregen konnte, verloren sie auch ihre Attraktivität.

Zentral beim Quad ist weniger die Überwindung einer Strecke, um etwa zur Arbeit zu kommen, sondern mehr das Fahren selbst. Es sind zwei unterschiedliche Fahrerlebnisse. Einmal auf der Straße zu fahren, dort ist das Erleben von Geschwindigkeit und das Fühlen des Untergrunds ein zentrales Erlebnis. Dinge, die in unseren Autos alle weggeregelt werden, sind plötzlich erfahrbar. Das macht eine Fahrt wieder zu einem Erlebnis. Man kann sogar sagen, im positiven Sinne zu einem anstrengenden Erlebnis. Das zweite ist die Fahrt im Gelände. Hier ist die Fahrzeugbeherrschung entscheidend. Wie fahre ich den Hang hinauf, wo bremse ich, wie verlagere ich mein Gewicht. Diese Beherrschung des Fahrzeugs macht hier den Reiz aus. Das Quad ist ein Fahrzeug, das den Körper massiv aufwertet. Man muss richtig mit dem Fahrzeug arbeiten. Damit steht es im Gegensatz zu den aktuellen PKWs, ja selbst die populären SUVs werden nicht dafür angeschafft, damit ins Gelände zu fahren. Bei einem Quad kommen nun Elemente, die in ähnlicher Form in der Erlebnispädagogik gefordert werden, zum tragen. Es ist Bewegung in der Natur. Der Mensch kann eine konstante Geschwindigkeit nicht wahrnehmen, das ist ja das trügerische auf einer Autobahn. Was er aber wahrnehmen kann sind Richtungsänderungen oder Geschwindigkeitsänderungen, genau das lässt einen ein Quad wunderbar erfahren.

Eine alltägliche Autofahrt entführt den Fahrer nicht durch dessen Tun in eine Außeralltäglichkeit. Aber bei einem Quad haben wir es mit einem Gerät ohne viel technischen Schnickschnack zu tun. Man mag jetzt einwenden, dass Erlebnispädagogik in der Natur stattfindet. Aber das spricht nicht gegen das Quad. Man kann sogar das Quad selbst heranziehen. Gummi, Eisen, alles Naturdinge, selbst das Benzin ist ein Naturprodukt. Es geht in der Erlebnispädagogik darum, unter Inanspruchnahme des Körpers in der Natur ein Erlebnis zu erzeugen, das sich durch eine einzigartige Erlebnisgegenwart auszeichnet. Ein Moment in dem der Mensch sich selbst für einen kurzen Moment vergisst.

Reisen

„Wenn einer eine Reise tut, dann kann er was erzählen“ Matthias Claudius Gedichtzeilen haben seit 200 Jahren nichts an ihrer aktualität verloren. Reisen ist nicht gleich Urlaub. Reisen ist immer auch Abschied, Erfahrung und Rückkehr. Das macht das Reisen auch für die persönliche Entwicklung so zentral, im Unterschied zum Urlaub, der eher den Charakter einer Erholungsphase von anstrengender körperlicher Arbeit hat. Vermehrt reisen jetzt Jugendliche und junge Erwachsene nach ihrer Schulzeit, aber auch nach dem Abschluss des Studiums oder nehmen sich gar eine Auszeit vom Job über einen längeren Zeitraum und gehen ins Ausland. Diese Abenteuerreisen sind eher Trips. Man bleibt nicht an einem Ort, sondern erkundet ganze Regionen auf eigene Faust. Es ist im Moment schon fast ein Pflichtmodul im Lebenslauf. Aber der Fernreisetrend betrifft nicht alle Schulformen gleichermaßen. Einerseits ist es abhängig von dem Grad an finanziellen Möglichkeiten und auch von den Perspektiven hinsichtlich einer Ausbildung.

Die Phase zwischen Ende der Schulzeit und Beginn des Arbeitslebens bzw. Studiums hat sich in Deutschland vor allem für Abiturienten durch den Wegfall des Wehrdienstes bzw. des Zivildienstes verändert. Jetzt ist dort eine Lücke, die frei gestaltet werden kann. Im Rahmen der Straffung von Lehr- und Studienplänen ist es eine kleine freie und selbst gestaltbare Lücke und diese wird nun auch gerne genutzt. Seit den Grand-Touren, die junge Adlige im achtzehnten Jahrhundert gemacht haben, hat die Reise die Funktion, den Horizont zu erweitern. Neue Länder, neue Kulturen, all das ist Teil einer informellen Ausbildung. Nur dass die Jugendlichen dies jetzt selbst in die Hand nehmen. Heutzutage wird Urlaub und Reisen gleichgesetzt. Land und Leute kennenzulernen ist eine unausgesprochene gesellschaftliche Forderung die freie Zeit, die man sich ja erarbeitet hat, nicht einfach zu verschwenden, sondern sinnvoll zu nutzen. Der Urlaub hingegen hat ja schon immer auch den Ruf gehabt, Eskapismus zu sein.

Das gilt aber bei den hier angesprochenen Reisen nicht. Vielmehr ist es ein Stück Selbstermächtigung, die selbst organisiert wird. Allerdings ist dieser Trend vorteilhaft für das spätere Berufsleben, insofern wird jetzt auch implizit an der Selbstoptimierung gefeilt. Dass dabei eine gewisse Coolness inszeniert wird, verbirgt eben den Zwecknutzen dieser Reise. Stattdessen wird wie ein Reflex das Ungeplante, Spontane und Riskante dieser Unternehmungen betont. Die Unwägbarkeiten gehören zentral mit zur Reise. Die Reise ist ja kein Urlaub. Das heißt, Strapazen sind ein wichtiger Moment des Erlebens. Wenn man nicht von den Strapazen erzählen könnte, dann wär es ja ein längerer Luxusurlaub. Es ist eine Jugendkultur, die eben aktuell auch über die korrespondierenden Slogans wie das programmatische YOLO (You only live once / Du lebst nur einmal) als solche begründet wird. Dabei finden sich diese ra-

dikalen Forderungen an sich selbst seit Goethes Werther in den unterschiedlichsten Jugendkulturen. In den achtziger Jahren wurde das Yolo mit einer Rimbaud-Reminiszenz artikuliert und so klebte an unzähligen Pinnwänden: „Du fragst mich wie ich leben soll? Und ich sage dir: „Lebe wild und gefährlich, Arthur."
Der Trend der Abenteuerreisen wird noch einige Zeit anhalten, da er im Moment zu den Lebensentwürfen junger Erwachsener zählt. Das spannende daran ist, dass diese Form der Selbsterfahrung entzieht sich der Leitidee unserer Gesellschaft, das alles Nützlich sein muss. Allerdings wird auch dieser Freiraum, wie so viele zuvor langfristig von gesellschaftlichen Institutionen besetzt werden. Dann wird das Reisen nicht mehr freiwillig sein, sondern eine Pflicht.

Campen

Wenn man einen Wohnwagen einmal unvoreingenommen betrachtet ist es ein Wohn- und Schlafraum auf Rädern. Der Wohnwagen ermöglicht eine Auszeit vom Alltag, der ja häufig durch Immobilität gekennzeichnet ist. Man kann also seine Behausung transportieren. Natürlich gibt es die grundsätzliche Frage: Zelt oder Wagen und hier noch die Glaubensfrage, Wohnwagen oder Wohnmobil. Und bei den Wohnmobilen eine vorgefertigte Ausstattung oder selbstausgebauter Bus. Es sind Abstufungen zwischen Annehmlichkeit und Freiheit. Natürlich kann ich mich mit einem Iglu-Zelt anders bewegen als mit einem zweiachsigen Wohnwagen. Andererseits hat ein gut gepolstertes Bett auch seinen Reiz. Häufig beginnt solch eine Karriere mit dem Zelt, dann kommt, je nach Milieu, ein Bus oder ein Wohnmobil oder eben ein Wohnwagen. Mit zunehmendem Alter wird man dann etwas bequemer, so dass am Schluss ein voll ausgestatteter Wohnwagen eine Ferienwohnung auf Rädern ist.

Entscheidend dabei bleibt aber das Lebensgefühl, nämlich das der Freiheit, dorthin zu fahren, wo ich will, wenn ich wollte. Häufig wird ja ein Ort aufgesucht, den man als subjektiv schön empfindet, häufig ist dieser Ort aber in der Fremde. Und so bringt man etwas Vertrautes in die Fremde. Dies ist die phänomenologische Betrachtung eines Wohnwagens. Daraus kann man schon viel herauslesen, auch wenn ich natürlich weiß, dass viele Camper über viele Jahre, teilweise Jahrzehnte, immer den gleichen Campingplatz anfahren. Aber das hat etwas mit dem Wechselspiel von fremd und vertraut zu tun. Gerade, wenn man in der Stadt wohnt und im ländlichen campt, geht es darum, Natur unmittelbar zu erleben: das Vogelzwitschern, vielleicht ein Reh am Waldrand. Es ist noch mehr als das Campen auf dem Campingplatz, das eher mit seinem eigenen Mythos spielt. Eine Auszeit vom Alltag, der ja häufig durch städtische Lebensverhältnisse gekennzeichnet ist.

Dabei spielt weniger ein ursprünglich Nomadisches eine Rolle, als vielmehr ein Reflex auf die zunehmende Regulierung unseres Alltags durch Besitz. In der Mehrzahl wird ja nach dem Urlaub wieder zurück in das alte Leben gefahren. Aber natürlich schwingt ein wenig die Vorstellung von Freiheit, dorthin zu gehen wo es schön ist, mit. Aber es gibt natürlich auch ganz andere Gruppen, die auch mit Wohnwägen assoziiert werden. Es sind Leute, die in Wagenburgen leben, in umgebauten Bauwagen und alten Lastwagen. Hier spielt es eine große Rolle, dass ein Leben gewählt wird, dass sich nicht wortwörtlich verorten lässt, sondern eine freie Lebensweise bedeutet. Grund bedeutet hier auch immer Eigentum, das eben auch Verpflichtungen und Bindungen nach sich zieht, die nicht gewollt sind. Ja, man kann diese Gedanken sogar noch weiter denken. Eigentum ist die Grundlage, auf der unsere Gesellschaft aufgebaut ist und in der Ablehnung dieses Modells wird eine Alternativgesellschaft praktiziert.

Gärtnern

Grundsätzlich ist unser Blick auf das, was wir als Natur wahrnehmen, ein kulturell geprägter. In letzter Konsequenz bedeutet dies, dass Natur immer Kulturraum ist. Wir haben die französischen Gärten in der geometrischen Ordnung des Barock und die englischen als Beispiel der gewollt ungeordneten Landschaftsgärten. Natürlich ist Natur mehr als nur eine Ansammlung von Bäumen und Tieren. Natur ist ein Zustand, im dem alles ein großes Ganzes bildet und in diese Ordnung wird nun mittels Werkzeugen und Maschinen eine Struktur hineingefräst und der Lärm ist der Soundtrack. Der Lärm hat gerade bei der Gartenarbeit eine merkwürdige Funktion. Viele der Tätigkeiten könnten ohne Maschinen wesentlich leiser stattfinden, stattdessen werden Maschinen eingesetzt. Natürlich hat die Landwirtschaft durch die Mechanisierung und Maschinisierung enorme Ressourcen freigesetzt, aber ob nun eine Verkehrsinsel wirklich mit einem Rasenmäher schneller als mit einer Sense gemäht ist, ist fraglich. Der Lärm demonstriert, dass man tätig ist. Mit Lärm wird, wenn man so will, der Besitzanspruch auf das eigene Revier kenntlich gemacht. So wie Vögel durch Zwitschern ihr Revier markieren, tun dies Vorstadtgärtner durch ihren Rasenmäher oder ihre Heckenschere und das gepflegte Territorium hält fremde Besitzansprüche ab und wehe das Territorium wird dann betreten. Genau dies ist ja die Botschaft des legendären Schildes „Betreten verboten“. Es ist ein Besitzanspruch.

Natürlich liegt die Assoziation nahe, dass ein Laubbläser eine Penisverlängerung ist. Aber die Inszenierung von Männlichkeit ist subtiler. Männliche Arbeit wird öffentlich inszeniert mit Lärm und Maschinen. Die Selbstdarstellung bei der Gartenarbeit geht weit über das reine Lustempfinden hinaus. Selbstdarstellung, gerade als Mann, hat auch immer etwas mit den Eigentumsverhältnissen zu tun. Mein Garten ist Teil meiner Identität und als Besitz ist er Teil meines Vermögens. Damit wird die Gartenarbeit zur Metapher für gesellschaftliche Besitzverhältnisse. Besitz muss gepflegt werden, sonst geht er vor die Hunde. Auch herrscht eine intensive soziale Kontrolle, wie man mit seinem Eigentum umgeht. Alle Prozesse die hier in einem Mikrokosmos stattfinden, aber auch auf die Gesellschaft insgesamt, können als Makrokosmos übertragen werden. Er ist ein Mikrokosmos bis in seine innere Struktur hinein. Denn der Garten ist auch politisch, da sich eben in ihm die Besitzverhältnisse repräsentieren. Was gehört mir und wie präsentiere ich mein Eigentum. Dies wird nun einerseits akustisch mit Rasenmähern und Laubbläsern demonstriert, aber eben auch optisch. Die Gartenzwerge sind Machtstellen wie die Obelisken der Pharaonen. Das spannende ist nun, dass diese Besitzstrukturen sich auch in der Gartenanlage widerspiegeln.

Dieser Gestaltungswille, der zeichnet eine gepflegte Gartenanlage aus. Geometrische Parkanlagen waren ursprünglich Schlossgärten, Schrebergärten und Kleingärten. All diese Ausprägungen gingen immer auf politische Initiativen zurück. Und heutzutage zeigt sich ja gerade in öffentlichen Grünflächen die Auseinandersetzung zwischen dem Ordnungsanspruch des herrschenden Systems in Gestalt von Gemeindevollzugsbeamten und der Nutzung durch die Bevölkerung, beispielsweise durch Grillen. Dieser Streit wird ja auch erbittert geführt, bis hin zu so paradoxen Strukturen wie öffentlichen Grünflächen, die nicht betreten werden dürfen. Dagegen regt sich dann selbstverständlich auch Widerstand in Form von Guerilla Gardening und dem Einsatz von Seedbombs. Also kleinen Kugeln aus Erde, die mit Pflanzensamen vermischt und auf monotone Grünflächen geworfen werden. Aber diese Gartenarchitektur der Macht wird lebenspraktisch auch noch anders durchkreuzt, nämlich durch Trampelpfade. Ein Trampelpfad ist die Rückeroberung planerischen Gestaltens durch alltägliche Praxis. Wir kennen ja das Computerspiel Sim City. Dort entwirft man Städte wie am Reißbrett. Alle Strecken sind rechtwinklig. Der Mensch denkt und lebt aber nicht rechtwinklig. Er denkt harmonisch und er handelt ökonomisch und nutzt gerne Abkürzungen. So entstehen Trampelpfade. Es ist ein sublimer alltäglicher Protest. Michel de Certeau sprach von Listen, mit denen Verbote unterlaufen werden, solch eine List ist der Trampelpfad. Er ist das Aufbegehren gegen das Diktat der Laufwege. Selbst wenn man sie selbst angelegt hat, können sie unvernünftig sein. Also durchkreuzt man den Plan wortwörtlich. Dies zieht natürlich Verbote nach sich. Trampelpfade werden mit Steinen, Sträuchern und Dornenhecken verbarrikadiert. Und natürlich mit dem Schild „Betreten verboten“.

Grillen

Essen ist vermutlich eine der ältesten Kulturtechniken der Menschheit. Grillen wiederum ist die ursprünglichste Form, Essen zu erhitzen. Was zeichnet nun das Grillen aus? Zum einen ist das Grillen ein archaischer Akt; blutiges Fleisch wird auf lodernder Flamme gegart. Allein die Betrachtung eines Grills lehrt den Akteur diese Kulturtechnik. Wie merkwürdig hingegen ist das Kochen auf einem Elektroherd mit allerlei Hilfsmitteln, das ist ein technischer Akt, der eine Entsprechung in der Apparatechemie hat. Das Grillen begann natürlich nicht in der Urzeit am Lagerfeuer, dort hat man natürlich auch Speichen über Feuer zubereitet, aber Grillen als Event, als etwas, das es nicht jeden Tag gibt, begann mit der Vertreibung des Feuers aus der Küche. Also etwa in den sechziger Jahren. Grillen ist ab diesem Zeitpunkt ein Event. Es ist ein körperlich-sinnliches Erlebnis der Essensherstellung. Gerade im Zeitalter von Convenience Food ist die unmittelbare Auseinandersetzung mit den Nahrungsmitteln ein Bedürfnis des Menschen, weil es ihn Wirklichkeit erfahren lässt. Es ist ein Event, es ist eben nicht Alltag. Über den Alltag erfahren wir wenig. Nur was außergewöhnlich ist, wird zum Thema. Es gibt eben keine Zeitschrift über Convenience Food, in der dann auch noch steht, welche Dosensuppe die beste ist und bei welcher Temperatur man sie am besten in der Mikrowelle erwärmt. Daher haben wir nun das Grillen als Reflex auf das Convienience Food und können auf dessen Normalität spekulieren, gerade weil das Grillen das Außergewöhnliche darstellt.

Ungewöhnlich ist das Grillen deshalb, weil es die Herstellung nachvollziehbar werden lässt. Selbst die Techniken sind einsichtig. Das Feuer ist ein Element, dessen Wirkung durchaus unmittelbar verstanden werden kann. Nämlich über Schmerz. Dies findet sich auch in der Redewendung für jemand die „Hand ins Feuer legen". Es ist ein Archesymbol und deswegen wirkt es auch so anziehend, seine Magie liegt in seiner Primitivität. Gerade deshalb ist Grillen wichtig, weil es nicht-technisch ist, auch wenn es hochtechnisierte Grills gibt. Aber selbst diese stillen das Bedürfnis nach Einfachheit.

Neben dieser Erfahrung des Unmittelbaren ist Grillen aber eben auch ein sozialer Akt. Gegrillt wird auch heute noch in der Gemeinschaft. Oft ist es sogar eine Gemeinschaft, die sich extra für diese Art Nahrungseinnahme einfindet. Eine Grillparty eben. Was geschieht nun bei dieser Versammlung? Es wird gescherzt, es werden Geschichten erzählt und jeder, der einmal am Baggersee gegrillt hat, weiß auch, dass gekuschelt und geknutscht wird. Genau so können wir uns auch den Ursprung des Sozialen in unserer Kultur vorstellen. Hominiden trafen sich zum gemeinsamen Mahl und tauschten sich aus. Unterhaltung entstand sozusagen am Lagerfeuer. Ein Zitat auf diesen Ursprung des Geschichtenerzählens am Lagerfeuer ist im Übrigen, dass im Unterhaltungsfernsehen aktuell ein Kaminfeuer nach Sendeschluss eingespielt wird.

Aber Grillen ist immer auch eine Inszenierung. Dies beginnt bei der Art, wie gegrillt wird. Da gibt es einerseits eine Art technisch aufgerüstetes Grillen, daneben aber auch ein sehr puristisches Grillen, etwa mit Einweggrills auf einer Parkwiese. Das technisch aufgerüstete Grillen demonstriert nun, dass der Grillende über einen Spezialisten verfügt, um das Grillgut mittels besonderer Techniken zu bearbeiten. In erster Linie ist also dieses Grillen Selbstinszenierung und Selbstdarstellung. Folgt man der Logik amerikanischer Sitcoms, so ist es die Selbstinszenierung von Männern. Warum dies in den Medien so präsent ist, kann man mit Bezug auf die Gender-Studies beantworten. Die Arbeit der Männer fand oft im öffentlichen Raum statt und dort inszenierte sich der Mann als der Starke, als der Krieger, als der Ernährer. Die Arbeit der Frau hingegen fand im Verborgenen statt und bei einem Grillabend sieht man oft genau diese Prototypen. Der Mann, der sich am Grill mit einem Bier inszeniert und die Frau, die in der Küche die Salate herrichtet. Im Übrigen auch spannend ist die Gleichsetzung von Mann mit Fleisch und Frau mit Salat. Auch hier findet man problemlos Stereotypen aus Frauen- und Männerzeitschriften.

Skizziert man also diese idealisierte Urszene, so inszeniert sich der Mann als Beherrscher des Feuers. Er ist Regent über sein Reich, er trägt Herrschaftsornat, die Grillschürze und die Reichsinsignien, Grillgabel und Zange und teilt seiner Sippe, den Gästen, die Nahrung zu. Grillen ist damit mehr ein Zitat auf den Sonntagsbraten im Biedermeier als auf das Wildschwein im Neanderthal.

Essen

Der Veganismus ist seit den achtziger Jahren, teilweise über die Straight Edge, die sich aus dem Punkt emanzipierte, in die Jugendkultur eingesickert. Aktuell ist er Ausdruck einer bewussten Auseinandersetzung des Einzelnen mit sich und seiner Umwelt. Dazu gehört der Umgang mit der Natur. Dazu gehört aber auch der Umgang der Gesellschaft mit der Natur, mit den natürlichen Ressourcen. Und es steckt auch eine Ethik in dieser Bewegung, die einfordert, sich Gedanken zu machen. Dies zeigt auch die politische Dimension dieses Trends. Nahrung ist immer auch politisch. Hunger wird als Waffe eingesetzt. Und Nahrungsbeschaffung hat auch immer etwas mit Macht zu tun. Von „wessen Brot ich ess´" bis „Erst das Fressen, dann die Moral" gibt es auch einen Berg entsprechender Aphorismen. Mit der Nahrung wird auch immer Gesundheit kommuniziert. Gesundheit ist gleichfalls eine politische Größe. So werden Kreislauferkrankungen daraufhin kommuniziert, wie viel des Bruttosozialproduktes auf sie verwendet werden müssen und wie diese Kosten durch eine bewusste Ernährung vermieden werden können. Betrachtet man die Bevölkerung unter diesem Blickpunkt, erscheint sie wie eine Herde Kühe in einem Stall, über deren Nahrungszusammensetzung unter dem Gesichtspunkt der Effizienz beratschlagt wird.

Der Veganismus ist ja nicht nur Hardcore Vegetarismus, sondern hat auch eine politische Dimension. Dies fängt bei Überlegungen an, dass durch eine rein pflanzliche Ernährung der Welthunger bekämpft werden könnte. Umgreift aber auch politische Fragen wie die der Macht, wie diese ausgeübt wird und ob diese ausgeübt werden muss und wenn, warum. Der Veganismus kann neben antiken Verweisen auch auf Rousseau zurückgeführt werden. Der ausführt, dass der Naturzustand des Menschen ein fleischloser sei. Fleischlose Menschen, so Rousseau, sind friedlicher zu einem, weil das Fleisch aggressiv macht und zum andern macht auch die Herstellung aggressiv. Das Bestimmen über Leben und Tod, das ist die grundlegende Machtkonstellation. Wer darüber bestimmt hat das Sagen. Jetzt wird in Frage gestellt, ob es dem Menschen zusteht, über andere Wesen zu verfügen. Wenn er dazu ja sagt, dann akzeptiert er auch, sofern er nicht der Nietzsche´sche Übermensch ist, dass auch über ihn verfügt wird. Insofern ist Veganismus auch eine Autonomiebestrebung. Essen ist unter diesem Gesichtspunkt ein politischer Akt.

Sammeln

Natürlich ist es verlockend, einen Sammeltrieb à la der Mensch als Jäger und Sammler anzunehmen. Der Unterschied zwischen dem Sammeln von Früchten und dem von Briefmarken ist aber ein entscheidender. Die Briefmarken werden nicht gegessen, sie werden auch nicht als Porto genutzt. Vielmehr werden sie dem Verwertungsprozess entzogen, das ist ein Merkmal des Sammelns. Es ist unproduktiv. Auch wenn gerne der Wert einer Sammlung herausgestellt wird, bleibt sie im Kern wertlos. Ein Sammlungsgegenstand ist immer so viel wert, wie jemand dafür zu bezahlen bereit ist. Deshalb gibt es auch häufig eine riesige Diskrepanz zwischen dem, was eine Sammlung für den Sammler wert ist und was sie letztlich erlöst. Der Sammlerwert ist immer ein ideeller.

Der Ort, an dem Sammlungen zusammengetragen werden, ist der Flohmarkt. Das, was die Leute auf den Flohmarkt treibt, ist eine Art Schatzsuche. Der Traum, eines der Bilder könnte ein verschollenes Meisterwerk sein und man wird mit einem Schlag zum Millionär. Das ist sicherlich der Mythos, von dem der Flohmarkt lebt. Natürlich spielt auch der Gedanke eine Rolle, dass man günstig ein Schnäppchen machen kann, sei es einen Gegenstand zu finden, der nicht mehr gebraucht wird oder falsch gekauft wurde. Diese Motivationen sind aber eher, man möchte sagen, die romantischen Laienkäufer. Der Flohmarkt selbst bildet aber auch ein Paralleluniversum.

Viele der Dinge, die auf einem Flohmarkt angeboten werden, sollen sich an Sammler richten. Es wird gemutmaßt, dass es für diesen Gegenstand einen Sammler geben muss. Und aufgrund dieses Sammlers bemisst sich nun der Wert des Gegenstandes. Dieser ist nun wiederum deutlich höher als der Gegenstand objektiv wert ist. Anschließend wird mit anderen Flohmarktgängern über diesen Gegenstand gefachsimpelt. Jeder trägt eine weitere Anekdote bei, die möglichst glaubwürdig wirken soll und mit etwas Glück wechselt dann der Gegenstand an den nächsten Verkäufer, der nun seinerseits glaubt, so etwas wie den heiligen Gral erworben zu haben. Selbst wenn solch ein Transferobjekt mal in die Hände eines privaten Sammlers gerät, ist das nicht das Ende, denn der Sammler tauscht ja auch wieder. Und an seinem Lebensende, sofern die Sammlung nicht die Qualität für ein Museum hat, landet alles wieder auf dem Flohmarkt.

Natürlich landen dort auch wertvolle Dinge. Wobei diese eher auf Antikmessen gehandelt werden. Aber auch das Prädikat der Antiquität bedeutet nicht, dass der Gegenstand kein Müll ist. Nur ist er eben der Müll aus ehemaligen Fürstenhäusern. An diesen Gegenständen lässt sich nun ermessen, wie unvorstellbar reich solch ein Adliger war. Nehmen wir eine russische Teekanne aus Silber, die ist heute vielleicht mit den entsprechenden Punzierungen 1000 Euro wert. Dafür bekommen Sie schon ein ganzes Tischgedeck einer Porzellanmanufaktur. Die Teekanne wurde von dem fürstlichen Haushalt ausgemustert, weil sie nicht mehr in Mode war und nicht mehr dem Geschmack entsprach. Also gab man sie einem Händler mit. Dieses Einzelobjekt, dem jeglicher Kontext fehlt, ist also eigentlich ohne großen Nutzen, außer Mode und wird dennoch mit einer Aura belegt. Dies zeigt noch heute den Glanz und den Reichtum des Adels. Oft ist es die Geschichte, die diese Gegenstände so wertvoll erscheinen lässt. Die Geschichte der Dinge hebt sie aber aus den aktuellen Konfektionswaren heraus. Für den Flohmarktbesucher sind sie individuell und keine Massenware. Antiquitäten repräsentieren immer auch Geschichte. Sie sind damit ein Identifikationsangebot und gerade für die nicht-adligen Schichten, das Bürgertum, das Kleinbürgertum, also das, was man heute als Mittelschicht ansieht, hat ein Bedürfnis nach Geschichte, gerade weil es selbst nur eine so kurze hat. Es gibt in der Volkskunde die These des absinkenden Kulturguts, also das die jeweils untere Schicht die Lebensweisen der ihr übergeordneten übernimmt. Das scheint also nicht nur für Lebensstile, sondern auch für Einrichtungsgegenstände zu gelten. Antiquitäten sind, zugespitzt gesagt, Abfall mit Geschichte.

Zu jeder Zeit wurden Sammlungen unter einem anderen Gesichtspunkt angelegt. Im Mittelalter beispielsweise gab es die Kuriositätenkabinette der Fürsten. Dort waren die unterschiedlichsten Dinge versammelt. Seltene Muscheln, antike Dinge, Kriegsbeute. Ein einziges Durcheinander, das die Funktion hatte, die Gäste des Haus- oder besser Schlossherrn zu amüsieren und zugleich seine Macht zu repräsentieren. Mit dem Aufkommen der modernen Naturwissenschaften wurde wiederum anders gesammelt. Jetzt wurden Dinge gruppiert und zueinander in Beziehung gesetzt. Diese Art des Sammelns praktizieren wir im Großen und Ganzen auch aktuell noch. Eine Sammlung ist eine Ordnungsstruktur. Dinge der gleichen Art werden zueinander in eine als sinnvoll angesehene Beziehung gesetzt. Diese Vollständigkeit eines Ordnungssystems hat unter der Bedingung von sich ständig wechselnden Umweltbedingungen etwas Beruhigendes. Diese Kontemplation der Ordnung ist die Funktion einer Sammlung. Mit einer Sammlung kann jeder Sammler seine eigene Weltordnung bilden und aufrechterhalten. Nehmen wir beispielsweise eine Briefmarkensammlung. So bilden sich hier einerseits Zeitachsen, andererseits geographische Achsen und letztlich auch thematische Schwerpunkte.

Nun grundsätzlich sollte eine Sammlung strukturell offen sein, das macht das Briefmarkensammeln so attraktiv. Es bildet eine Zeitlinie von der Vergangenheit bis in die Zukunft hinein. Wenn nun tatsächlich ein Sammelbereich komplett ist, dann kann man einerseits die Qualität der Exponate erhöhen oder ein neues Sammelgebiet eröffnen. Dies geschieht beispielsweise mit den beliebten Fußballsammelstickern. Es wird nicht nur jede WM und EM für sich gesammelt, sondern die Bände zueinander stellen auch eine Sammlung dar. Je umfangreicher diese Sammlung ist, desto größer ist auch die ausgewiesene Expertise des Sammlers.

Dieser Vorgang des Kreierens einer Ordnung ist im Übrigen ein sehr intimer. Viele Sammlungen werden gar nicht gezeigt. Die Sammlung gibt, so merkwürdig es klingt, Auskunft über die Befindlichkeit des Sammlers. Es steckt sprichwörtlich Herzblut darin. So erklärt sich auch, dass viele Sammler, wie Gollum, auf ihrem Schatz sitzen, ihn aber mit niemandem teilen wollen und dabei das riesige Expertenwissen, das sie angehäuft haben, auch nicht preisgeben. Höchstens um jemanden zu korrigieren.

Ein wunderbares Beispiel, das zeigt, wie, aber keineswegs funktionslos Sammlungen sind, zeigt sich beim Sammeln von Briefmarken. Sind sie gestempelt, dann sind sie nichts mehr wert, sind sie aber ungestempelt, wird dem Warenkreislauf sogar noch Geld entzogen. Dabei ist eben der Sammlerwert durchaus höher anzulegen als der Nominalwert. Beim Sammeln wird letztlich Geld umcodiert. Vom Bargeld zum Sammlerwert. Diesen Prozess der De- und Recodierung zeigt sich mustergültig bei den Elongated Coins, den Quetschmünzen. Kleine Souvenirmedaillen, die die Kunden selbst aus Cent Münzen prägen. Bei diesen Geräten wirft man zwei Geldmünzen ein und eine Vorrichtung prägt auf der einen Münze ein neues Motiv ein. Auch wenn es den Eindruck hat, dass diese Automaten ein neuer Trend sind, weil man sie letzter Zeit immer häufiger antrifft, so stammen die ersten Exemplare schon vom Anfang des zwanzigsten Jahrhundert. Erfunden wurden diese Maschinen in den USA.

Das besondere dieser Münzen ist: Zum einen sind es Souvenirs, da ja viele der Motive in direktem Bezug zur jeweiligen Umgebung des Automaten stehen. Besonders an diesem Souvenir ist nun, dass es der Kunde selbst herstellt. Er prägt seine eigene Münze, damit wird sie auch zu seiner eigenen. Es ist so, als ob man ein Erinnerungsstück, wie etwa von der Berliner Mauer, mitnimmt. Dies ist im Übrigen eine alte Vorgehensweise. Auch nach dem Sturm der Bastille wurden von dieser Erinnerungsstücke verkauft.

Zum anderen: In letzter Konsequenz gedacht bezahlt man ja Geld dafür, dass man Geld entwertet. Abgesehen davon, dass es in manchen Ländern sogar verboten ist, Geld zu vernichten und dann dieser Handlung etwas Widerständiges innewohnt, bekommt solch eine Umprägung einen neuen ideellen Wert und der scheint höher zu sein als das Geld, das man in den Automaten steckt. Diese Münzen wurden auch von Beginn an gesammelt. Es gibt besondere Sammleralben mit luftdichten Fächern, damit die Münzen nicht oxidieren. Auch werden diese Münzen gerne getauscht und natürlich wird damit auch online gehandelt. Dabei ist dies ein Sammlungsgebiet, das potentiell im Unterschied zu anderen Sammlungen, die grundsätzlich komplettierbar sind, völlig offen ist. Es ist unmöglich zu sagen, wie viele Münzen es gibt. Aber das macht ja dieses Sammelgebiet so spannend. Denn dort ergeben sich neue Sammlungsstrukturen. Man kann Coins aus bestimmten Ländern sammeln. Man kann bestimmte Motive, etwa Freizeitparks sammeln. Man kann historisches Sammeln. Es ist eine subjektive Setzung, welche Art von Ordnung man installiert und darum geht es letztlich. Eine Sammlung ist immer eine Ordnung, die in eine potentiell unüberblickbare Wirklichkeit hineingelegt wird und so eine Struktur schafft.

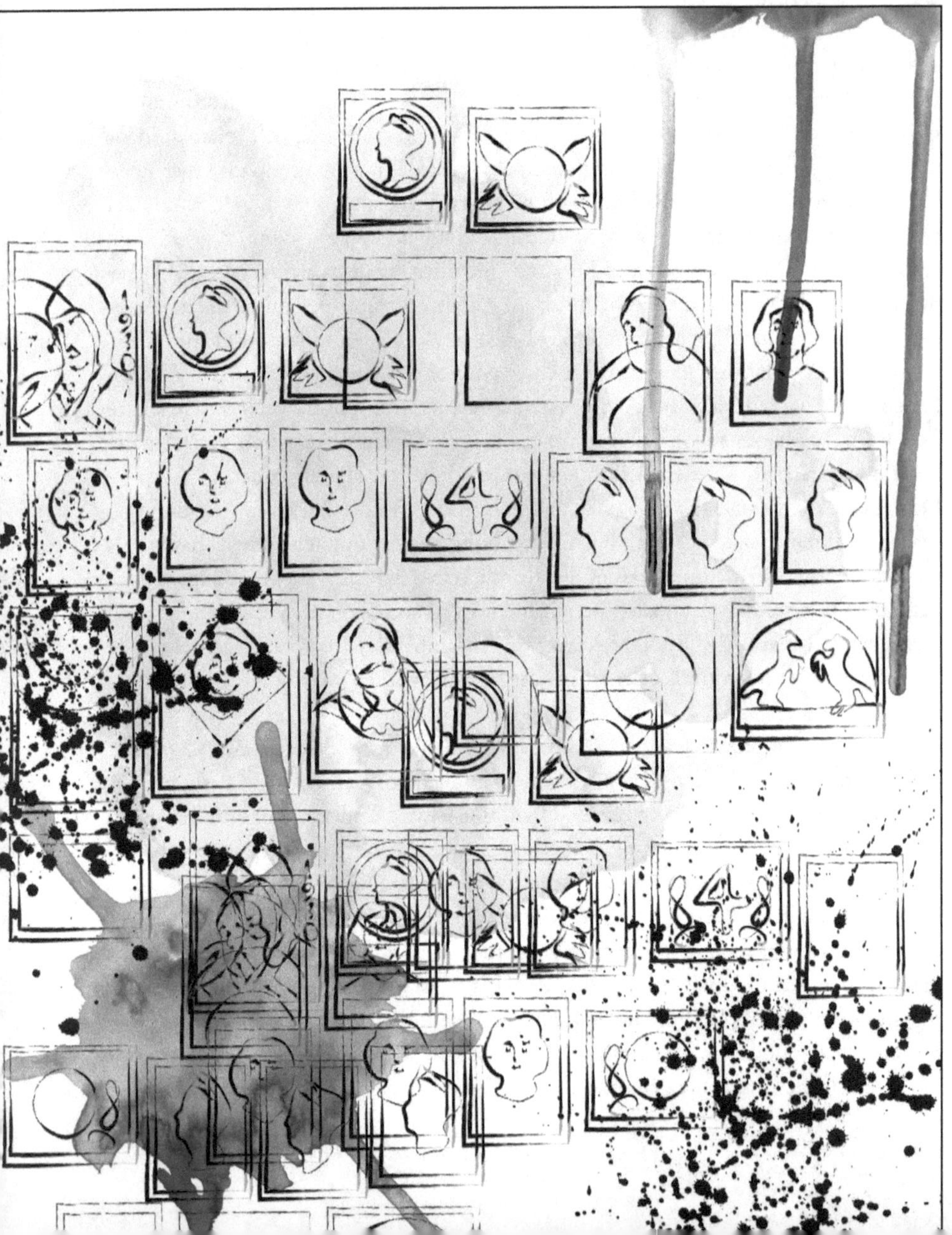

Spekulieren

Marx führt aus, dass das Kapital akkumulierte unsichtbare Arbeit ist. Die Arbeit selbst ist völlig unsichtbar, so dass die Ware, das Produkt scheinbar ein Eigenleben führt. Etwas, das treffend den digitalen Börsenkapitalismus beschreibt. In Sekundenbruchteilen werden gigantische Kapitalmassen transkontinental transferiert und das völlig losgelöst von den konkreten wirtschaftlichen Daten. Das darf aber nicht darüber hinwegtäuschen, dass dieser Prozess ein autopoetischer ist. So wies Marx eben auch darauf hin, dass der Fetisch daraus resultiert, dass es Arbeitende und Arbeit-Lassende, also Besitzende gibt. Heutzutage sagt man dazu „systemrelevant“ Akteure. Diese werden nun, selbst wenn sie untergehen müssten, gestützt und setzten so den freien Mark außer Kraft. Dabei gehört der Kollaps zum Markt, wie dies Schumpeter beschrieb. Es ist eine Art „schöpferischer Zerstörung“, Tyler Durden aus Fight Club nennt das den „Nullpunkt“.

Derweil ist der Marktbegriff selbst zum Fetisch verkommen. Bei jeder Nachricht heißt es: Das könnte die Märkte „beunruhigen“. Ruhige Märkte kann es aber gar nicht geben, das hieße, man hätte Planwirtschaft. Verblüffenderweise kommt aber die Warnung von den Gegnern der Planwirtschaft. Dort, wo Kapital akkumuliert wird, wird dies von einem am Selbsterhalt interessierten System entsprechend strukturiert. Dies ist die Schnittstelle zwischen Kapital und Gesellschaft. Dies unterbindet nun ein völlig freies Marktgeschehen und fügt zusätzliche Parameter zur Prognose des Marktverlaufs hinzu. Allerdings lässt sich auch bei unvollkommenen Märkten spekulieren, also Aussagen auf einen Marktverlauf treffen. Diese Spekulationen betreffen nun auch die politischen Bereiche, da ja diese zuvor in das Marktgeschehen eingegriffen haben. Hier treffen nun die unterschiedlichen Wirtschaftsphilosophien von freien Märkten und freier Gesellschaft aufeinander. Das ist aber eher ein Thema für Börsenspekulanten und deren filmischer Adaption.

Spannender ist bei den Aktienspekulationen die Spekulation selbst. Die Spekulation, also sich eine Vorstellung über Zukünftiges zu machen und die Pläne auf diesen Zustand hin auszurichten, ist die Spezialität des Menschen. Dies hat der Berliner Soziologe Uerz ausgeführt. Man kann also sagen, der Mensch ist sich der Unsicherheit seiner Pläne bewusst: Die Spekulation ist eine anthropologische Konstante. Die Termingeschäfte dienten ja zuerst dazu, die Unwägbarkeit der Zukunft planbar zu machen, indem jetzt mögliche Szenarien antizipiert wurden und so erhielten die Akteure Planungssicherheit. Inzwischen ist die Börse auch eine Art Realitätsprüfung. Ich versuche, mir ein Bild zu machen und überprüfe meine These, indem ich Geld einsetze und wenn ich Recht behalte, habe ich mehr Geld. Geld wird damit zum Indikator für Wirklichkeit.

Die Börse hat dazu noch die Qualität eines Spiels. Ich agiere situativ und wenn ich Glück habe, ist mein Erfolg ein Geschenk des Schicksals. Natürlich werden diese ludistischen Spekulationen durch bestimmte Erklärungsmodelle maskiert. Und diese Erklärungsmodelle, selbst wenn sie völlig irrig sind, schaffen ihre eigene Realität, indem nun auf ihrer Grundlage Entscheidungen getroffen werden. Aus Schein wird Sein. Natürlich würde ein Anlageberater diese Form des Hokuspokus bestreiten. Es bliebe zumindest zu hoffen, denn sonst hieße es, dass er seinen eigenen Daten misstrauen würde. Aber die Daten haben eben nun nur innerhalb des jeweiligen Erklärungsmodells Gültigkeit. So haben wir lauter unterschiedliche Analysemodelle, die miteinander konkurrieren und nicht selten sich widersprechende Prognosen ermöglichen. Spekulieren ist damit eine Projektion, letztlich ist es ein Glückspiel, das Wirklichkeit schafft und damit die Projektion wahr werden lässt. Dieser Prozess scheint etwas exklusiv Menschliches zu sein. Man entwirft einen Plan auf eine noch einzutretende Situation und weil man diesen Plan entworfen hat, wird die Situation eintreten. Sollte der Plan nicht aufgehen, lag dies nicht daran, dass er falsch war, sondern dass man einfach nicht komplex genug vorausgedacht hat. Es wäre nämlich zu einfach, wenn man nur falsch gelegen hätte.

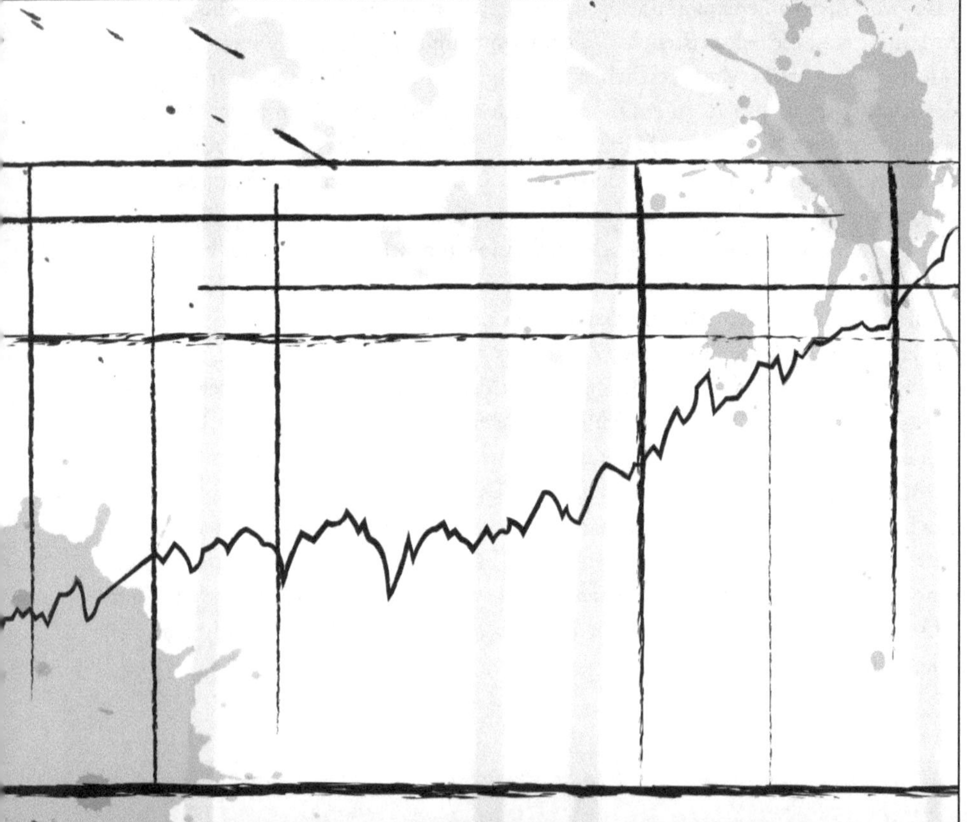

Photographieren

Bei Instagram, also einer Plattform, über die man mit speziellen Filtern bearbeitete Schnappschüsse über die sozialen Netzwerke teilt, kann man vom Kunstwerk im Zeitalter seiner technischen Modifizierbarkeit sprechen. Also einer Abwandlung von Walter Benjamins berühmtem Aufsatz. Benjamin geht davon aus, dass durch die massenhafte Reproduktion die Aura eines Kunstwerks, also damit seine quasi-sakrale Funktion, verloren geht und Kunst nun zum reinen Ausstellungsobjekt wird. Der Film, so Benjamin, eröffnet durch seine Möglichkeiten der Manipulation und vor allem der Möglichkeit der Bewegung, dem Unbewussten einen Artikulationsweg. Es wird eine geschnittene, eine zerschnittene Wirklichkeit vorgestellt, in der die Welt nicht mehr als Ganzes, sondern nur noch ausschnitthaft in Erscheinung tritt. Wir sehen beim Film die Vorwegnahme des Endes der Metaerzählungen durch das Ende der einen, allgemeingültigen symbolischen Ordnung. Es entsteht eine Welt aus Fragmenten. Und selbst diese Fragmente sind einer fraktalen Erodierung durch die Digitalisierung unterworfen. Nur noch Binärcodes geben Orientierung darüber, was wirklich ist. Es ist nicht so, dass sich eine digitale Realität über die „Wirklichkeit" legt, sondern die Wirklichkeit wurde durch eine digitale ersetzt.

Was die artifizielle Wirklichkeit auszeichnet ist, dass sie fehlerfrei ist. Das Naturhafte des Menschen zeigt sich hingegen darin, dass es die Spezialität der Natur ist, Fehler zu begehen. Mit Instagram wird nun eine natürlich wirkende Realität inszeniert. Tatsächlich ist es aber eine Hyperrealität, die mit Hilfe von digitalen Analogfiltern eine glaubwürdige Wirklichkeit inszeniert. Man könnte an dieser Stelle aufhören und anmerken, es sei eine Art Wiederverzauberung einer entzauberten Wirklichkeit. Das ist das Poetische der einzelnen Bilder. Sie halten einen kurzen Moment von Wirklichkeit fest und geben sich den Anschein; dieses auch authentisch zu verbürgen. Betrachtet man jedoch das Phänomen Instagram als Ganzes, dann ist die Sehnsucht nach Bildern und damit die dahinter stehende Sehnsucht des Subjekts nach Sprache trügerisch. Denn tatsächlich bedient sich Instagram von Beginn an eines Netzwerks. Eines Netzwerks das von Millionen Nutzern gestrickt wird, indem sie jeweils für sich genommen beliebige Objekte zu einer neuen Erzählung zusammenreihen. Es macht den Charme aus, dass dies eine Erzählung ist; die kein Telos, kein Ziel kennt, sondern sich potenzierend dynamisiert und genau damit ein Abbild einer kontingenten Wirklichkeit zu liefern vermag. Gerade weil die Bilder den Anspruch erheben; authentisch zu wirken, bilden sie Realität ab; die genau darin besteht, dass jeder eine Sehnsucht nach ihr hat.

Basteln

Der Trend zum Selbermachen begann etwa Anfang der achtziger Jahre mit dem Heimwerken und hat sich inzwischen zu einem gewaltigen Wirtschaftszweig ausgeweitet. Baumärkte haben die kleinen Fachgeschäfte fast völlig verdrängt. Die Verlockungsprämie des Heimwerkens bestand darin, dass man etwas viel preiswerter als eine Fachkraft leisten kann und dazu, so die Selbsteinschätzung, auch noch besser. Manchmal waren die Resultate auch objektiv besser, aber was bei dieser Rechnung selten hinzuaddiert wurde, war die Arbeitszeit. Das Heimwerken ist nun mit dem aktuellen DIY-Trend insofern verwandt, als dass damals Tätigkeiten, die den traditionellen Rollenzuschreibungen entsprechend als männlich angesehen wurden, ausgeübt wurden. Das handwerkliche Geschick eines Mannes wurde stolz dem Kaffeekränzchen präsentiert und entsprechend bewundert. Jetzt kommen eher Tätigkeiten in Mode, die dem weiblichen Bereich zugerechnet werden. Natürlich kann man einwenden, dass diese Zuschreibungen doch schon lange passé sind. Was auch stimmt, aber gerade in der Inszenierung scheinbar überholter Muster versichert man sich eben dieser. Und so ist es auch heute noch ein Thema, wenn eine Frau besonders gut handwerkelt oder ein Mann näht.

Wobei eben in der Alltagsrealität diese Grenzen schon lange in Auflösung begriffen sind. Es ist eine Inszenierung von Rollenbildern. Wir erleben eine Individualisierung. Traditionelle soziale Strukturen sind in Auflösung begriffen, die Arbeitswelt wandelt sich und dazu verändert sich fast täglich die politische Landkarte. Die Besinnung auf die eigenen zwei Hände hat da etwas Eskapistisches. Um eine provokante These in den Raum zu stellen: Do-It-Yourself ist postmoderner Biedermeier. Es ist eine Reaktion, keine Flucht. Mit der Standardisierung von Lebensstilen geht immer auch zugleich eine Individualisierung einher. Die Mode ist nicht mehr so verpflichtend wie noch vor 30 oder 40 Jahren, gleichzeitig ist das Diktat einen eigenen Stil zu finden, nicht weniger drückend. Darauf reagiert man nun, indem man sich seine eigenen Dinge schafft. Es sind jetzt Dinge mit einer persönlichen Note.

Die Verlockungsprämie dabei ist ja immer der Mythos. XY hat etwas gebastelt was bei Freunden und Kollegen so gut ankam, dass sie jetzt selbstständig ist. Der Tellerwäscher-zum-Millionär-Traum ist ja gerade deshalb so attraktiv, weil er verspricht, man könnte frei sein. Tatsächlich aber folgt man der gleichen Warenlogik wie die internationalen Filialisten. Man versucht, Gewinn zu erzielen und das nicht selten unter massiver Selbstausbeutung. Die Fahne der Freiheit, die dabei noch krampfhaft in die Höhe gehalten wird, ist dabei das eigene Label an der selbstgestrickten Mütze.

Modellbauen

Seit Generationen faszinieren Modelleisenbahnen vor allem Männer. Und es hält sich das Gerücht, dass Väter ihren Kindern nur deshalb eine Bahn kaufen, um selbst damit zu spielen. Natürlich sagt man so gemeinhin, es weckt das Kind im Manne. Gut, die Aussage scheint banal. Aber hinter dieser Platitude steckt doch noch mehr. Spielen ist etwas, bei dem der Mensch den Alltag vergisst und sich einem außeralltäglichen Erlebnis hingibt. Beim Spiel herrschen andere Gesetze. Eine Stunde scheint wie eine Minute zu wirken. Vor allem aber erlebt der spielende Mensch die Gegenwart, ganz im Unterschied zum Alltag, wo die Zeitachsen von Vergangenheit und Zukunft dominieren. Mit diesen Zeiträumen gehen auch Gefühle einher. Angst vor der Unsicherheit der Zukunft, Schuld in der Vergangenheit die falschen Entscheidungen getroffen zu haben. Im Spiel wird dies alles vergessen. Dieser Zustand des Glücks gleicht der Phase der Kindheit, bevor das Kind ein Selbstbild entwickelt. Insofern ist das Spielen mit der Modelleisenbahn ein narzisstischer Regress in die Kindheit.

Es gibt eigentlich drei Grundmotive, die sich zugleich ergänzen. Das eine ist die technische Faszination des Spielzeugs. Eine riesige Maschine funktionsfähig im Miniaturmaßstab in den Händen zu halten. Ein zweites ist die gestalterische Durcharbeitung der Landschaft und das dritte ist das Gleissystem, also die logistische Herausforderung. Jede dieser Motivationen spricht etwas anderes an. So fordert die logistische Planung das logisch-mathematische Verständnis. Hier kommen ja inzwischen auch Computer zum Einsatz, wohingegen der Modellbau eher die künstlerische Seite fordert. Als letztes spricht die Maschine selbst die technische Seite des Menschen an. Nicht jeder Modelleisenbahner lebt alle drei Bereiche gleichmäßig aus. So gibt es Modelleisenbahner, die haben eine wunderbare Landschaft mit einer schlichten Streckenführung, oder es gibt nur ovale, auf denen dann sorgfältig gepflegte Züge Probe gefahren werden und natürlich gibt es den Modellbau. Hier gibt es zwei Philosophien. Entweder die künstliche Alterung der Bausätze und Fahrzeuge, so dass diese realistisch wirken, oder die konsequente Schonung, so dass alles aussieht, als ob es frisch aus der Packung genommen wurde.

Auffällig ist bei der Modelleisenbahn zuerst ihr Maßstab. Selbst wenn man die großen 0-Modelle betrachtet, so blickt der Betrachter doch auf diese herab. Er begibt sich in die Rolle eines Weltenschöpfers, er nimmt eine göttliche Perspektive ein. Unterstützt wird dies durch den dioramischen, panomaratischen Blick, dem nichts auf der Landschaft verborgen bleibt. Allerdings ist auch der Blick komponiert, denn die schönste Bergwelt kann von hinten profanes Sperrholz mit Gipsresten zeigen. Grundsätzlich aber ist es ein Blick auf das Ganze. Dieser Blick transzendiert den alltäglichen Blick, der ja parallel zum Geschehen stattfindet. Er gleich eher dem Blick von einem Kirchturm oder einem Heißluftballon oder eben einem Blick aus dem

Himmel. Es herrscht ein Gefühl der Ordnung, alles ist an seinem Platz. Dieses Gefühl ist ein beruhigendes. Schaltet man die Modelleisenbahn an, schaltet man vom Alltag ab. Es herrscht auf den paar Quadratmetern eine Ordnung, die unser komplexer unüberschaubarer Alltag nicht bereithält. Allerdings sind die wenigsten Bahnen jemals fertig. Sie werden ständig erweitert, verbessert und verfeinert. Es hat etwas von einer Sisyphusarbeit. Man weiß, dass man nie fertig wird, aber man ist glücklich bei seinem Tun.

Spielen

Ein Spiel mit Systemspielzeug spielen. Der Erfolg von Playmobil liegt darin, dass im Zentrum eine menschliche Figur steht, mit der man den Alltag nacherzählen kann. Wenn man den Erfolg produkttechnisch beschreiben will, dann liegt es daran, dass es ein Systemspielzeug ist. Viel aufschlussreicher ist es aber, ein Playmobil einmal unvoreingenommen zu betrachten. Was ist es? Es ist eine kleine, freundlich lächelnde Figur, deren Körper sich wie ein Handschmeichler anfühlt und von der keine Gefahr auszugehen scheint. Ganz im Gegensatz zu vielen anderen Kinderspielfiguren.

Playmobil erlaubt auch ein Spiel mit Rollen. Durch den Wechsel von einer Rolle in eine andere, kann so erfahren werden, welches Potential die jeweilige Rolle in sich trägt. Die ersten Figuren hatten zwar kein biologisch erkennbares Geschlecht, aber die Rollen waren damals klar eindeutig männlich. Weibliche Figuren kamen drei Jahre später auf den Markt und hatten ebenfalls eine traditionelle Rollenzuschreibung. Der Mann war Krieger und die Frau Köchin oder Königin. Anfangs konnten die Figuren problemlos in eine andere Rolle schlüpfen. So wurde aus einem Bauarbeiter ein König: eine phantastische Utopie. Ende der achtziger Jahre wurde dann die Produktpalette überarbeitet und die Playmobilfiguren bekamen unterschiedliche Gesichter. Man kann sie in Korrespondenz zur gesellschaftlichen Entwicklung bringen. Noch in den fünfziger Jahren herrschten in Deutschland starre Rollenmuster, die dann im Zuge der Modernisierung einer geschlechterübergreifenden Individualisierung wichen. Wenn man das Bild der Frau nimmt, das Playmobil anbietet, dann war dieses anfangs sehr traditionell, um nicht zu sagen konservativ. Aber die Playmobilfrauen haben sich – genau wie die Gesellschaft ab den siebziger Jahren, mit der starken Frauenbewegung emanzipiert. Anfangs betraf das nur die Gleichstellung im Beruf. Jetzt gab es selbstverständlich auch Playmobilfrauen in Männerberufen. Und in den letzten Jahren kann man zwei Tendenzen beobachten. Einerseits wird der Tendenz auf Unisex insofern entsprochen, als dass jetzt die Geschlechterrollen vermischt werden können und eine Figur mit Hilfe der Figuren-Sets zugleich männlich und weiblich ist. Zum anderen aber, wie als Reflex auf diese Veränderung, gibt es spezielle Mädchenpackungen in Rosa.

Die Spielwelten von Playmobil sind in sich geschlossen, was für den Spielenden den Reiz hat, dass sich alles zu allem fügt. Die Kontingenz des Alltags, also die Widersprüche, die wir täglich erfahren, hat in dieser Welt keinen Platz. Die drei Ur-Figuren waren Archetypen. Wahrscheinlich dachte man daran, für was sich Jungs begeistern können. Man kann aber auch eine kulturhistorische Dimension an dieser Wahl erkennen. Nimmt man nämlich die Figuren aus der Themenwelt Krankenhaus hinzu, dann hat man die mittelalterliche Gesellschaftsform von Lehrstand, Wehrstand und Nährstand. Und wie sich aus der mittelalterlichen Gesellschaft unser ausdifferenziertes Gesellschaftsmodell entwickelt hat, so entwickelte Playmobil aus den drei Figuren bis heute ungefähr 650 unterschiedliche Figuren. Die neutralen Figuren ermöglichten ein stärkeres Phantasiespiel, die individualisierten Figuren hingegen entlasten das Kind von dieser Aufgabe und ermöglichen ein anderes Spiel. Was mit den Playmobilfiguren vor allem gespielt wird, wenn man das Spiel selbst beschreibt, ist eine Inszenierung, bzw. eine Reinszenierung des Alltags. Damit stehen die Playmobilfiguren mit ihrer umfassenden Themenwelt zwischen dem Puppentheater und den kleinen, statisch in einer Position verharrenden Plastikfiguren. Die Reinszenierung des Alltags – und das kann gar nicht deutlich genug betont werden – ist eine Kulturleistung, die nur der Mensch vollbringen kann, es ist Kultur schaffen in Reinform.

Verkleiden

Morphsuits sind Ganzkörperanzüge, die sogar das Gesicht bedecken. Gelegentlich trifft man einen „Morpher" in der Stadt an und stellt an sich selbst fest, wie groß die Irritation über diesen Trend ist.
Der Ursprung dieser Maske oder dieses Kostüms ist der Zentai. Ein einfarbiges Kostüm aus dem Ballett, das den Tänzer optisch auf seine Bewegung reduziert. Der Morphsuit steht in dieser Tradition. Der Morphsuit ist ein Komplementärentwurf zur Tätowierung. Während bei dieser der Körper als biologisch Gegebenes geschmückt und gezeigt wird, wird beim Morphsuit der Körper zu etwas ganz Künstlichem. Diese Art der Artifizialität korrespondiert in gewisser Weise mit den digitalen Avataren. Vielleicht ist der T-1000 aus Terminator II, der Quecksilbermann, der Urahn der Morpher.
Das Besondere der Morphsuits ist es, dass sie Ganzkörpermasken sind. Die Maske ermöglichte es Menschen schon von jeher, ihre Rolle zu verlassen und in eine andere zu schlüpfen. Ein Reiz der Maske besteht nun darin, dass man sieht ohne erkannt zu werden. Das betrifft nicht nur bunte Masken, sondern auch deren alltäglichste Reduktion: die Sonnenbrille. Auch diese erlaubt eine lustvolle Form des Voyeurismus. Zurück aber zum Morphsuit. Spannender ist der Morphsuit im Alltag. Er „nichtet" nämlich den Träger oder die Trägerin als Person und inszeniert sie als urbanes Ornament. Damit steht der Morphsuit in Verwandtschaft zu den Graffiti-Tags.
Spannend ist, dass diese Verkleidung es dem Einzelnen oder der Einzelnen erlaubt, sich zu exponieren, diese dann Zuspruch erleben und daraus Selbstsicherheit gewinnen. Das Resultat wird sein, dass sie dann eines Tages wie „Iron Man" ihre Verkleidungen ablegen und trotzdem Super Heros bleiben. Das mag etwas überzeichnet sein, aber trotzdem bleibt es spannend, wann die ersten Therapeuten den Morphsuit für neue Therapien entdecken.

Schwimmen

Seit letztem Jahr werden plötzlich in den Schwimmbädern Meerjungfrauentage gefeiert. Kleine Mädchen, Frauen und auch mutige Männer streifen sich einen Badeanzug in Form eines Fischschwanzes über und üben sich im eleganten Meerjungfrau Schwimmstil. Warum? Es gibt wohl mehrere Auslöser. Einerseits haben Hobbyschneiderinnen angefangen, Fischschwänze, die zum Schwimmen geeignet sind, zu schneidern, die sich großer Beliebtheit erfreuten. Auch wurden in den letzten Jahren mehrere Fotomodels bekannt, deren Alleinstellungsmerkmal war, dass sie als Meerjungfrau unter Wasser posierten. Der Grund für die aktuelle Beliebtheit des Meerjungfrauenrollenspiels liegt wohl bei Zeichentrickfilmen wie etwa Arielle die Meerjungfrau, die aber auf wesentlich ältere Motive zurückgreifen. Diese historische Tiefe macht diese Mode so spannend.

Die Meerjungfrau, und im weitesten Sinne gehören dazu auch die Wasserfrau und die Nixen, sind allesamt mythologische Figuren. Allerdings mit ganz unterschiedlichen Qualitäten. Die Wasserfrau gab es bereits in der Antike, Meergöttinnen aber auch Nymphen zählen dazu. Sie repräsentierten das lebenspendende Wasser. Die Nixen wiederum kommen eher aus dem mittel- und nordeuropäischen Raum und bringen Tod und Verderben, indem sie arglose Männer verführen und in die Tiefe des Wassers ziehen. Mörikes schöne Lau ist hier vielleicht die bekannteste Figur und dann gibt es natürlich auch noch die klassische Meerjungfrau mit Fischschwanz. Diese Figur strebt nach Erlösung durch Liebe. Eine sehr romantische Figur.

Es ist eine traditionelle Frauenrolle. Die Frau hofft darauf, von einem Prinzen erlöst zu werden. Sie muss darauf warten, dass sie geliebt wird und ihre eigene Liebe bleibt, zumindest bei Hans Christian Andersens Märchen, unerwidert. Bei Arielle rettet der Prinz die Meerjungfrau heldenhaft und erlöst sie letztlich so. Immer aber ist die Meerjungfrau der Erlösung bedürftig.

Die Rolle der Frau als schutzbedürftig und machtlos steht in einem Reflex zur gesellschaftlichen Wirklichkeit, wo eine Frau die mächtigste Frau im Staat ist. Angela Merkel als Meerjungfrau ist undenkbar. Diese Rollenbilder stellen nun natürlich auch Anforderungen an junge Mädchen und hier ist es ein Reflex, sich der Herausforderung zu verschließen und in eine romantisierende Rolle zu fliehen, in der für einen gehandelt wird. Man kann es auf die Formel zuspitzen: Meerjungfrauen sind ein Reflex auf die Emanzipation.

Es aber muss keine Flucht vor der gesellschaftlichen Wirklichkeit sein. Gerade bei kleinen Mädchen und viele der begeisterten Meerjungfrauen in den Schwimmbädern sind ja junge Mädchen noch vor der Pubertät, hat es etwas mit einem Rollenspiel zu tun. Hier wird eine Märchenfigur nachgespielt. Es ist eher dem Schauspiel zuzurechnen. Es ist eine Art Live-Rollenspiel. Ähnlich ist es, wenn Erwachsene in diese Rollen schlüpfen. Dort ist es auch ein Spiel mit einer Rolle. Es ist zugleich aber auch ein Erfahren, welche Dimensionen Weiblichkeit zu bedeuten hat. Schließlich hat der Analytiker C. G. Jung die Meerjungfrau als das weibliche Prinzip, als Anima gedeutet. Es ist eine lebenspendende Figur und gerade im Kanon mit den anderen Wasserfiguren Wasserfrau und Nixe, werden bestimmte Motive der Weiblichkeit inszeniert. Verführung und Tod, Geburt und Leben, Liebe und Glück. Es steckt also wesentlich mehr dahinter als nur einfach „Spaß“.

Shoppen

Wir erleben gerade einen Paradigmenwechsel zwischen dem Onlineshopping und, nennen wir es, das Offline Shopping, also dem herkömmlichen Einkaufen in der Stadt. Viele der Käufe werden heute im Internet getätigt, sodass herkömmliche Verkaufswege teilweise wegbrachen, wie etwa das Geschäft über Versandkataloge oder eben der Einkauf in den Innenstädten. Allerdings wandelte sich das Bild der Innenstädte nicht erst durch die Online-Angebote, sondern schon vor Jahrzehnten durch die Einkaufcenter auf der grünen Wiese. Man muss zwei Begriffe, die sich teilweise auch überlagern, trennen. Einkaufen ist nicht Shopping. Beim Einkauf hat der Käufer eine Kaufabsicht, meist für ein bestimmtes Produkt. Das Shoppen hingegen ist eher ein zielloses Umherschlendern. Man ist ein wenig an Walter Benjamins Beschreibung des Flaneurs erinnert. Viele der Fachgeschäfte in den Städten sind verschwunden und dort haben sich inzwischen Filialisten einquartiert. So wirken viele Städte austauschbar, da sich die gleichen Läden in den Einkaufsmeilen befinden. Allerdings bekommen nun diese Filialisten wiederum Konkurrenz durch das Internet. Häufig wird nun bemerkt, dass Kunden Waren in den Städten ausprobieren, aber dann günstiger im Internet kaufen. Für den beratungsintensiven Fachhandel ist das ein großes Ärgernis. Man denke, jemand will eine Kamera kaufen, lässt sich lange beraten und kauft dann im Internet. Aber mit dem Verschwinden der kleinen Fachgeschäfte verschwindet auch noch mehr, nämlich die Möglichkeit, bestimmte Artikel anzufassen. Ein Blick auf ein Foto kann nicht den Eindruck, um ein völlig beliebiges Beispiel zu nehmen, eines Knopfes wiedergeben. Hinzu kommt, dass viele der Fotos auch noch kunstvoll arrangiert sind. Auch geht Wissen um bestimmte Qualitätsmerkmale verloren, die muss sich jetzt der Käufer auch mühsam über Foren zusammensuchen. Allerdings wuchs der Druck auf die kleinen Fachhändler eben durch die großen Einkaufszentren in den Industriegebieten.

Für die Städte bedeutet dies, dass sich die Art des Einkaufs in der Stadt wandelt. Wurden früher Gebrauchsgüter und Güter des täglichen Bedarfs in der Stadt gekauft, so ist die Stadt jetzt stärker auf das Shopping angelegt. Der Stadtbummel ist nun die Hauptstrategie, um in der Stadt zu konsumieren. Damit geht auch eine Veränderung der Warenpräsentation einher. Waren früher in den Fachgeschäften Muster zu sehen, Kartons mit Waren und thematisch arrangierte Auslagen, so verspricht der Einkauf heute ein Erlebnis innerhalb einer Einkaufswelt zu werden. Die Art also, wie Waren präsentiert werden, sind – man kann es so nennen – einer anderen Erzählung gewichen. Bestimmte Marken werden ein Statement und das Arrangement dieser Produkte mit anderen stellt Identitätsmuster bereit. Man geht nun in die Stadt, taucht in eine Erlebniswelt ein und sucht die Utensilien für die Rolle aus, die man sozial zugeschrieben bekommen will. Es ist eine große Inszenierung und diese Inszenierung hält für jeden Teilnehmer auch die entsprechenden Rollenmuster bereit. Man taucht also beim Einkauf in diese Welt ein, die sich auch von dem normalen rationalen Handeln entfernt. Verschiedene psychologische Tricks sorgen zudem dafür, dass das zweckrationale Handeln außer Kraft gesetzt wird und man verfällt einem Konsumrausch. Diese irrationale Ebene spiegelt sich auch bildlich in der Bezeichnung „Konsumtempel" wieder.

Neben der Art der Produktpräsentation zeichnen sich diese Tempel durch ihre Schaufenster aus. Es gibt Schaufenstergestalter, die Stillleben aus den Waren des Geschäfts inszenieren. Bei diesen Installationen bleiben dementsprechend immer wieder Passanten stehen und gehen auf eine Art Entdeckungssuche wie bei einem Wimmelbild, nur dass die Auslage noch mit Preisschildern versehen ist. Schaufenster hingegen, die keiner symbolischen Ordnung unterworfen wurden, die beliebig ihre Waren präsentieren, können schon strukturell kein Blickfang sein. Dementsprechend bleiben dort auch nur die Passanten stehen, wenn die Schaufensterpuppen während des Umdekorierens unbekleidet sind. Schaufenster sind eine Art Theaterbühne für die Inszenierung von Produkten. Dies haben sie auch mit dem Internet gemein. Der Unterschied aber zwischen dem Einkauf im Internet und dem Einkauf vor Ort ist, dass sich der Einkauf vor Ort besser für die Inszenierungen von Erlebnissen eignet. Er tut dies, dass zum einem die Kunden körperlich präsent sind und zum anderen, dass noch weitere Kunden anwesend sind, so dass sich eine Gemeinschaft bildet. Sobald ein Schaufenster nun zu einer Attraktion, zu einem Anziehungspunkt wird, findet ein Erlebnistransfer auch auf die im Ladenlokal befindlichen Gegenstände statt. Diese werden nun gekauft und sind für immer mit dem Erlebnis assoziiert. Das ist etwas, das nur das Schaufenster leisten kann.

Der Vorteil des Internets ist die nahezu vollständige Verfügbarkeit, der Vorteil des stationären Handels ist die körperliche Präsenz beim Einkauf. Der Körper ist für den Menschen die letzte Instanz für Realität und wird als solche auch immer stärker angefragt. Erst durch das haptische Erfahren wird ein Produkt überhaupt wirklich. Das trifft sogar auf Produkte wie etwa Computer zu, die heute billiger im Netz zu kaufen sind. Einkaufen wird so zu einem Erlebnis. Ein Erlebnis muss mich dabei so ansprechen, dass ich für einen Moment Raum und Zeit vergesse. Es muss mich vergegenwärtigen. Dieser Erlebnismoment ist für Menschen ganz allgemein von grundlegender Bedeutung. Das Internet kann dies in manchen Bereichen, wie etwa den Computerspielen, hervorragend leisten. Aber was die Virtualität nicht leisten kann, ist dieses Erlebnis auf eine positive Art an den Körper anzuschließen. Körperliches Wohlbefinden gibt es im Internet nicht, genau das aber können Angebote, die im Realen stattfinden, leisten.

Ein Stadtbummel wird so zu einem Erlebnis und das gekaufte Produkt ist das Erlebnisgedächtnis. Bestimmte Belohnungsareale im Gehirn werden stimuliert, das wäre eine biologische Erklärung. Aber es geht noch um mehr. Der Alltag, der sich durch ein hohes Maß an Selbstkontrolle und Verantwortungsbewusstsein auszeichnet, kann hier vergessen werden. Zynischer Weise bezahlt man nun diesen Ausbruch genau mit dem Geld, das man zuvor mit der disziplinierten Arbeit erworben hat. Das heißt, der Kapitalismus verwertet auch noch die Fluchtbewegung. Dass man sich diese Ausführung so negativ darstellt, hat nur etwas damit zu tun, dass Nützlichkeit und rationales Handeln als wertvoll angesehen werden. Das Shoppen aber ist etwas Lustvolles, etwas Triebhaftes, etwas, das der Verschwendung frönt. Wenn man also Shoppen geht, dann sollte man sich nicht um dieses wohlige Gefühl betrügen, indem man es mit Nützlichkeiten maskiert. Es ist eine Hingabe und diese sollte dann auch vollkommen ausgekostet werden. Das schlimmste wäre, sich der Lust hinzugeben und dann ein schlechtes Gewissen zu haben. Allerdings ist das ein durchaus häufiges Motiv.

Coastern

Wenn wir uns einem Vergnügungspark nähern, dann hören wir schon von weitem Schreie, die von einem Rattern untermalt werden. Blicken wir in Richtung dieser Geräusche, sehen wir eine riesige Stahlbahn, die sich gegen den Himmel abhebt. Eine Scream Machine. Die vielleicht bekanntere Bezeichnung für diese Anlage ist „Roller Coaster" oder im Deutschen „Achterbahn". Dieser Begriff leitet sich im Übrigen von den ersten Bahnen ab, die die Form einer liegenden Acht hatten. Die treffendste und die aussagekräftigste Bezeichnung ist: „Thrill Ride".

Die Geschichte dieser Bahnen beginnt im 17. Jahrhundert in Sankt Petersburg. Die dortige Bevölkerung baute im Winter riesige Holzgerüste mit einer abschüssigen Fläche. Diese Bahn wurde mit Wasser übergossen, das gefror und darauf rutschten die Sankt Petersburger herunter. Dies ist aber nur eine Abstammungslinie der modernen Achterbahn. Eine zweite kommt aus Nordamerika. Hier ist der Urahn die Mauch Chunk Switchback Railway. Man nutzte in Pennsylvania bei einem Kohlebergwerk die natürliche Schwerkraft, um die Kohle in das Tal zu transportieren. Oben lud man die Kohle ein und ließ die Wägelchen einfach runterrollen. Nun waren die Chaisen im Tal und man musste sie wieder hochschleppen. Dies übernahmen Esel, die die Wägelchen wieder hoch zogen, natürlich hatte man nun die Esel auf dem Gipfel. Kurzerhand setzte man die Esel nun in einen der Wagen und ließ sie mit hinunterrollen. Augenscheinlich genossen die Esel die Fahrt, denn als man sie irgendwann wieder runter treiben wollte, weigerten sie sich und wollten fahren. Die Arbeiter – nicht um Einfälle verlegen – dachten, wenn es den Eseln Spaß macht, dann auch uns, setzten sich kurzerhand selbst in die Chaisen und fuhren hinunter. Schon ein paar Jahre später transportierte diese Bahn nur noch morgens Kohle und nachmittags Fahrgäste aus der ganzen Umgebung.

Aus diesen beiden Entwicklungslinien leiteten sich nun alle Achterbahnen ab. Was man an beiden Entwicklungslinien aus Russland und den USA sieht, ist sehr typisch für jede Kirmesattraktion. Es sind technische Einrichtungen, die daraufhin potenziert werden, Vergnügen zu bereiten. Viele der Kirmesattraktionen sind ursprünglich technische Anlagen, die aus ihrem industriellen Produktionskontext herausgelöst wurden und nun ein flüchtiges immaterielles Gut produzieren: Lust.

Es gibt zwei Arten der Lust, die bei einer Achterbahn hervorgerufen werden. Die eine ist eine körperliche, eine physische Lust und die zweite ist eine psychische Lust.

Die physische Lust wird durch eine unmittelbare Bezugnahme auf den Körper stimuliert. Das Grundelement einer Achterbahn ist, dass es auf und ab geht. Weswegen man sie auch manchmal Berg- und Talbahn nennt. Dabei gibt es zwei wesentliche Konstruktionselemente. Das eine ist die Erfahrung von negativer Gravitation. Man fährt auf der Bahn einen Hügel hinauf und in dem Moment, in dem der Wagen nach unten stürzt, zieht es den Fahrgast nach oben. Es scheint ihn aus dem Sitz zu heben. Der Fahrgast erlebt negative G-Kräfte, also Schwerelosigkeit, dies bezeichnen Achterbahnfans als Airtime. Das entgegengesetzte Prinzip sind die positiven G-Kräfte, diese treten auf, wenn die Chaise aus einem Tal wieder auf einen Buckel hinauffährt. An dem Punkt, an dem das Tal in den Anstieg übergeht, hat der Fahrgast das Gefühl in den Sitz gedrückt zu werden. In diesem Moment lastet ein Mehrfaches des eigenen Körpergewichts auf ihm. Dies dauert allerdings nur einen Sekundenbruchteil und dann folgt schon wieder die Schwerelosigkeit. So ist die Achterbahnfahrt eine Art geführter Choreographie, die den Körper an seine Grenzen führt und damit für den Fahrgast die Welt auch körperlich erfahrbar werden lässt. Diese Aufwertung des Körpers ist auch einer der Gründe, weswegen Achterbahnen in den letzten Jahren so boomen.

Daneben spricht eine Achterbahnfahrt aber auch die Psyche an. Schon im Vorfeld einer Achterbahnfahrt baut sich Spannung auf. Schon Tage davor steigt die Anspannung und steigert sich dann am dem großen Tag mit jedem Schritt, den man sich der Anlage nähert. Dann reiht man sich in die Schlange ein, die im Übrigen ein wichtiges Element für das Erlebnis einer Achterbahn hat, denn einerseits hört man die Schreie, was die Spannung ansteigen lässt und andererseits sieht man die aussteigenden Fahrgäste, was einem Vertrauen gibt, dass dieser Höllenritt gut ausgehen wird. Natürlich ist eine Achterbahnfahrt eine Mutprobe; aber sie ist viel mehr als nur das. Jeder, der eine Achterbahn gefahren ist, kennt die zwei Idealtypen der Fahrer. Diejenigen, die sich festklammern und die Augen schließen und dann diejenigen, die nicht selten direkt daneben sitzen und die Arme hochreißen. So unterschiedlich diese Strategien – introvertiertes Festklammern oder extrovertiertes Schreien – auch sind, so haben doch beide Fahrgasttypen das gleiche Erlebnis. Im Zentrum steht Angstlust. In der Psychologie unterscheidet man die beiden als oknophil, also den Angstsucher und den philobat, den Angstmeider. Beide Typen haben laut Michael Balint unterschiedliche Strategien, um das Gleiche zu erreichen, nämlich eine Einheit mit der Welt. Für ihn als Freudianer ist die Welt durch die Mutterbrust repräsentiert. Der Angstsucher zeichnet sich durch ein Verhalten aus, in dem er an die Mutterbrust geführt wird, diese ausspuckt und wieder an sie herangeführt wird und sich durch diesen Dialog der Einheit mit der Mutterbrust versichert. Der Angstmeider hingegen klammert sich an die Brust, saugt sich fest und mag sie gar nicht mehr loslassen, um diese wohlige Einheit nicht aufzugeben.

Diese psychologische Typologie kann man problemlos auch auf andere Alltagsphänomene übertragen, etwa auf Gruselfilme. Die einen können nicht hinschauen und halten die Augen zu, wohingegen die anderen sich scheinbar selbstbewusst diesen Eindrücken aussetzen. Bei Filmen spricht man gerne von Thrillern, Psychothrillern.

Hier zeigt schon die Bezeichnung der Angstlust, die bei diesen Filmen ausgelegt wird. Balint bezeichnete diese Angstlust nämlich als Thrill. Daher bietet sich auch der Begriff des Thrillrides so treffend für eine Achterbahn an.

Was aber macht es so attraktiv, sich der Angst auszusetzen? Der Mensch ist als eines der wenigen Wesen mit einem reflexiven Bewusstsein ausgestattet. Dieses reflexive Bewusstsein hat den Vorteil, dass er sich ein Bild von sich und seiner Umwelt machen kann. Der Preis für diese Eigenschaft ist aber auch das Wissen um die eigene Verletzlichkeit und Endlichkeit. Dies sind die zwei elementaren anthropologischen Urängste, die mythologisch als Vertreibung aus dem Paradies überformt wurden. Der Mensch erfährt, dass er sterblich ist. Dabei ist der Tod eine Erfahrung, die nicht kognitiv erfasst werden kann, denn der eigene Tod kann nicht gedacht werden. Dies lässt diesen Gedanken so schmerzlich werden und den Menschen drängt es danach, diesem auszuweichen. Zu diesen Urängsten kommen noch alltägliche Sorgen. Klappt das mit meinem Job? Gibt es Knatsch in der Beziehung? Wie klappt es mit dem Geld? Ängste, die sich körperlich äußern, was ebenso Anlass zur Sorge bieten kann.

Die Achterbahn, und das ist nun das Besondere dieses einzigartigen Mediums, schafft es durch Angst, all diese Sorgen vergessen zu lassen. Im Moment der größten Angst werden alle existentiellen Sorgen vergessen. Kombiniert wird dieses Erlebnis durch die massive Aufwertung des Körpers, die für eine kurzfristige Einheit von Körper und Geist sorgt. Der Fahrgast erlebt einen Zustand jenseits des Alltags. Es ist eine Bahnfahrt ins Paradies. Damit erfüllen Achterbahnen eine entscheidende Funktion. Sie exponieren den Menschen einer Unmittelbarkeit, die in seinem Alltag selten erfahrbar, aber notwendig ist, um Wirklichkeit undistanziert zu erleben. Der Mensch ist für die Dauer einer Achterbahnfahrt ganz Naturwesen. Denn die Angst, die man auf der Achterbahn erfährt, ist eine unmittelbare, eine triebhafte, wohingegen die Angst vor dem Tod, der mich in naher oder ferner Zukunft erwartet, eine mittelbare, eine reflektierte und projizierte ist, daher wollen wir diese Angst ab nun auch Furcht nennen. Damit zeigt sich am Beispiel der Achterbahn auch eine Besonderheit der menschlichen Kultur, die einerseits darauf gegründet ist, den Menschen von seiner Naturhaftigkeit zu entfernen und dieser Vorgang ist kulturschaffend. Zugleich aber muss der Mensch seine Naturhaftigkeit erleben, um sich als vitales Wesen zu spüren, so schafft Kultur Pforten in ein Jenseits des Alltags, sie schafft Wurmlöcher ins Außeralltägliche.

Das Ende schreiben

Wenn man über kulturelle Wurmlöcher und die Möglichkeit, diese als gesellschaftliche Seismographen zu nutzen, schreibt, dann drängt sich unweigerlich das Nachdenken nach dem eigenen Tun auf. Man beobachtet sich gewissermaßen als Beobachter zweiter Ordnung und stellt sich die Frage: Ist das Schreiben nicht auch ein Wurmloch? Betrachtet man wissenschaftliche Arbeiten auf seine Struktur hin, so werden Thesen überprüft oder es werden Daten erhoben und aus diesen wird etwas gefolgert. Diese Strukturen, selbst wenn sie sich als falsch erweisen, sind eine symbolische Ordnung. Es ist Sinnproduktion.

Unsere Beobachtung ist, dass viele Alltagsgegenstände durch die Beschäftigung mit ihnen den Nutzer in eine Welt jenseits des Alltags entführen. Dies sind Wurmlöcher ins Außeralltägliche. Der Psychologe Mihalyi Cskizszenmihalyi beschrieb dies als „Flow". Für uns ist nun das Set und das Setting dieses Kurztrips ins Außeralltägliche – im Übrigen ein Begriff von Max Weber – interessant. Wobei wir schon jetzt sagen können, dass jeder Gegenstand eine andere Erlebnisdimension ermöglicht. Daher erklärt sich das breite Spektrum an Untersuchungsgegenständen

Ausgegangen sind wir von Festen, also sozialen Institutionen, die Menschen eine Möglichkeit bieten das Außeralltägliche zu erleben. Bei diesen Phänomenen konnten wir sehen, wie dieses Erlebnis gestaltet ist und welche unterschiedlichen Dimensionen für einen Teilnehmer attraktiv sind. Beobachtbar ist, dass häufig diese Erlebnisse in einer Gemeinschaft stattfinden. Diese Institutionen sind immer auch in ihrer Zeit verortet, so dass neben alten traditionsreichen Festen auch neu entstandene Veranstaltungen treten können. Das, was aber immer aufgesucht wird, ist ein Zustand der Selbstvergessenheit. Ein Zustand bei dem man sich und die Umwelt als Eins empfindet. Dieser Zustand scheint ein lustvoller zu sein. Das reflexive Bewusstsein ist für einen Moment ausgeblendet, damit lösen sich auch die Zeitachsen von Vergangenheit und Zukunft und die dazugehörigen moralischen Probleme von Schuld und Angst auf. Der Mensch tritt in eine Art paradiesischen Zustand ein, in dem er nicht weiß, dass er ist. Er kehrt zu seiner naturhaften Verfasstheit zurück. Dieser Zustand wird auf unterschiedliche Arten aufgesucht, dies konnte mit den unterschiedlichen Arten der Wurmlöcher umrissen werden. Es sind Dinge, die Menschen tun, ohne dass diese einen konkreten Nutzen haben. Aber sie haben das Potential, den Menschen für eine gewisse Zeit mit sich selbst zu versöhnen. Der Zugang zu seiner Naturhaftigkeit ist häufig ein körperlich vermittelter, aber nicht ausschließlich. Er konnte gezeigt werden, indem virtuelle Scheinwelten mit konkreten in Bezug gebracht wurden. Jedes Kulturprodukt hat das Potential, diese Außeralltäglichkeit zu erzeugen, ohne dabei direkt auf den Körper Bezug nehmen zu müssen. Dies liegt daran, dass diese Produkte eine Sinnstruktur haben, die um ein Erlebnis des Außeralltäglichen herum gewebt wurden. Das Außeralltägliche selbst entspricht der Naturhaftigkeit des Menschen. Es gleich dem, was Lacan als das „Reale" beschrieben hat. Allerdings kann sich der Mensch seiner Natur nur kurzfristig aussetzen. Dies liegt darin begründet, dass der Mensch im Vergleich zu anderen Tieren ein Generalist in seinem Tun ist, aber ein Spezialist darin, Kultur zu schaffen. Die Produktion von Kultur besteht nun immer darin, sich dem Realen zu exponieren und dieses außeralltägliche Erlebnis in eine symbolische Ordnung, in Kultur zu überführen. Das ist die Aufgabe des Menschen. Und dieses Wechselverhältnis hält nicht nur Kultur, sondern in letzter Instanz auch den Menschen lebendig.

In der Schriftenreihe „Studien zur Unterhaltungswissenschaft" sind bisher erschienen:

BAND 1	BAND 4
Sacha Szabo, Samuel Strehle (Hg.) Unterhaltungswissenschaft. Populärkultur im Diskurs der Cultural Studies 183 Seiten, 24,90 Euro, 2008 ISBN 978-3-8288-9635-2	Christopher Flade und Sacha Szabo (Hg.) Vom *Kulturpark Berlin* zum *Spreepark Plänterwald* Eine VergnügungskulTOUR durch den berühmten Berliner Freizeitpark 120 Seiten, 19,90 Euro, 2011 ISBN 978-3-8288-2748-6
BAND 2	BAND 5
Sacha Szabo Brand Studies Marken im Diskurs der Cultural Studies 161 Seiten, 24,90 Euro, 2009 ISBN 978-3-8288-2085-2	Sacha Szabo Ballermann. Das Buch. Phänomen und Marke 134 Seiten, 19,90 Euro, 2011 ISBN 978-3-8288-2791-2
BAND 3	BAND 6
Sacha Szabo Artefakt Körper: Skizzen zu einer Soziologie des Schmerzes 10 Zugänge zu David Finches Film *Fight Club* (Band 3) 142 Seiten, 24,90 Euro, 2011 ISBN 978-3-8288-2744-8	Katharina Zeppezauer-Wachauer Kurzwîl als Entertainment Das Mittelalterfest als populärkulturelle Mittelalterrezeption. Historisch-ethnografische Betrachtungen zum Event als Spiel. 168 Seiten, 24,90 Euro, 2012 ISBN 978-3-8288-2909-1

BAND 7 Sacha Szabo, Hannah Köpper (Hg.) Playmobil® durchleuchtet Wissenschaftliche Analysen und Diagnosen des weltbekannten Spielzeugs 160 Seiten, 19,90 Euro, 2014 ISBN 978-3-8288-3022-6	
BAND 8 Sacha Szabo, Hannah Köpper (Hg.) „Fröhliche Weihnachten" X-Mas Studies. Weihnachten aus Sicht der Wissenschaft 256 Seiten, 19,95 Euro, 2013 ISBN 978-3-8288-3254-1	
BAND 9 Sacha Szabo, Hannah Köpper (Hg.) „BBQ. Grillen - eine Wissenschaft für sich. Antworten der Forschung auf ein Massenphänomen" 200 Seiten, 19,95 Euro, 2014 ISBN 978-3-8288-3255-8	

Zeitfracht Medien GmbH
Ferdinand-Jühlke-Straße 7
99095 Erfurt, Deutschland
produktsicherheit@kolibri360.de